Jonas Weiser

Skurriles Gaming-Wissen

Verrückte Fakten aus der Welt der Videospiele

Mehr als 600 Fakten!

W0006718

CW00868529

www.game-dna.de

© 2016 Jonas Weiser
3. Auflage

Umschlagsgestaltung und Satz:
Marcus Heibl

Lektorat:
Julia Marquardt,
Katharina Krause

Verlag
my dna media UG
(haftungsbeschränkt)
Ohmstr. 53
60486 Frankfurt am Main

ISBN: 978-1523407996
Printed by CreateSpace,
An Amazon.com Company

Kontakt zum Autor:
kontakt@game-dna.de
www.game-dna.de

Bibliografische Information der Deutschen Nationalbibliothek: Die Deutsche Nationalbibliothek verzeichnet diese Publikation in der Deutschen Nationalbibliografie; detaillierte bibliografische Daten sind im Internet über *http://dnb.d-nb.de* abrufbar.

Inhalt

„Spieler sind Künstler, die ihre eigene
Realität in Spielen erschaffen."

Shigeru Miyamoto

Vorspiel

Videospiele stecken voller verrückter Überraschungen. Angefangen als kleine Rubrik im NMag* (einem Fan-Magazin über Nintendo-Spiele) haben sich in 10 Jahren die skurrilsten Fakten, verrücktesten Geschichten und lustigsten Anekdoten rund um Videospiele in meiner Schreibtischschublade angesammelt. Dieses Sammelsurium möchte ich nun mit dir teilen.

Hierzu habe ich das Projekt game.dna ins Leben gerufen:
- Wenn ich nur ein Wort hätte, mit welchem würde ich das Spiel beschreiben?
- Welcher Konkurrent macht es besser?
- Was ist das verrückteste Easter-Egg?

Diesen Fragen und vielen mehr gehe ich mit animierten Infografiken und visuell aufbereiteten Artikeln auf *www.game-dna.de* nach und stelle die „DNA" eines Spieles vor.

---

* Das NMag wurde 2004 als Hobby-Projekt von mir gegründet und erschien 2007 für mehrere Monate im Zeitschriftenhandel. Seit einigen Jahren bin ich zwar nicht mehr aktiv dafür tätig, das NMag wird aber von einem tollen Team fortgeführt, das sich über deinen Besuch auf der Webseite *www.n-mag.de* freuen würde. ;)

Als Auftakt zur Webseite ist dieses Buch hervorgegangen, das dir mehr als 600 Fakten aus der Welt der Videospiele präsentiert.

Ich habe versucht, eine gesunde Mischung aus Fakten zu aktuellen Spielen aufzunehmen, aber auch den Klassikern ihren Raum zu bieten. Die Fakten bedienen sich aller Genres, Konsolen und Generationen, sodass für jeden Leser genug interessante Geschichten auftauchen sollten. Mir war es wichtig, ein möglichst breites Spektrum abzudecken und Infohäppchen zu servieren, die du hoffentlich noch nicht kennst und die für den ein oder anderen „gibt's doch gar nicht"-Moment sorgen. Darunter sind auch einige Fakten gemischt, die ich als „zu gut, um sie auszulassen" bezeichne. Es handelt sich um Fakten, die etwas bekannter sind und von denen du vielleicht schon einmal gehört hast, die aber zu kurios sind, um sie nicht auch aufzunehmen.

Das Buch ist in neun thematische Kapitel eingeteilt, die querbeet gelesen werden können, da die Kapitel nicht aufeinander aufbauen. Zudem findest du am Ende des Buches zwei Bonus-Kapitel: Als Ikone der Videospiel-Branche widmet sich ein komplettes Kapitel Super Mario und seinen Freunden. Im zweiten Bonus-Kapitel kommt die Gaming-Community zu Wort und teilt ihre Lieblingsfakten mit dir.

Um den Preis für dieses Büchlein möglichst gering zu halten, habe ich auf eine Bebilderung der Fakten verzichtet. Die Bildrecherche, Bearbeitung und der damit verbundene Farbdruck hätten die Kosten vervielfacht. Daher hielt ich es für besser, lieber einen fairen Preis anzubieten mit Fokus auf den Fakten. Ich hoffe, du kannst dies verschmerzen. ;)

Wenn dir das Buch gefällt, würde ich mich freuen, wenn du es mit deinen Freunden teilst und auf *www.game-dna.de* vorbeischaust.

Nun aber viel Spaß beim Lesen und danach ein fröhliches Weiterzocken.

Jonas

Kapitel 1

Geburtsstunden

Spiele und Helden erblicken das Licht des Bildschirms

Viele Videospielhelden können auf eine lange Karriere zurückblicken. Doch oftmals haben ihre Ursprünge kaum etwas mit dem finalen Spiel gemein. Mal gab Technik noch nicht das her, was sich die Entwickler wünschten, mal wurde das Spiel per Zufall auf den Kopf gestellt. Dass am Anfang einer Entwicklungs-Odyssee meist alles anders kommt, als geplant, zeigen dir die nächsten Seiten.

Sohn des Prinzen

Assassin's Creed ist zu einer festen Säule in Ubisofts jährlichem Spiele-Portfolio geworden. Ursprünglich war die Reihe nur als Spin-Off von *Prince of Persia* gedacht. Das Spiel sollte von einem Assassinen handeln, der mit magischen Kräften einen Prinzen im historischen Jerusalem beschützt. Im Laufe der Entwicklung entschied man sich, die Wurzeln zu *Prince of Persia* komplett aufzugeben und das Spiel als eigenständigen Titel zu vermarkten. *Assassin's Creed* erschien erstmals 2007.

Die Pokémon-Überraschung

Das erste „Spiel", das die *Pokémon* nach Europa brachte, war nicht die *Rote* und *Blaue Edition*, sondern die Game Boy Camera, welche 1998 erschien. Die Game Boy Camera enthält einige *Pokémon*-Sprites, mit denen der Spieler seine Fotowerke verzieren kann. Die *Pokémon*-Bilder waren europäischen Spielern damals absolut fremd, da *Pokémon Rote* und *Blaue Edition* erst über ein Jahr später in Europa erschienen.

Frauenfußball vor FIFA

FIFA 16 ist nicht das erste Konsolenspiel, das Frauenmannschaften unterstützt. Bereits 2000 erschien für das Nintendo 64 und den Game Boy Color ein Fußballspiel, das nur Frauenmannschaften enthielt. Das Spiel mit dem Titel *Mia Hamm Soccer* schaffte es jedoch nur in die amerikanischen Regale. Aufgrund niedriger Verkaufszahlen wurde es nie in Europa veröffentlicht.

Kinect als Möwensimulator

Rare erstellte für Kinect einen Prototyp, in dem man eine Möwe steuert. Ziel ist es, Autos mit einem Haufen zu besudeln. Durch Auf- und Abbewegung der gestreckten Arme steuert man Flughöhe und Richtung der Möwe. Geht man in die Hocke, setzt die Möwe zur Freilassung der „Ladung" an.

short facts

» Die Xbox sollte ursprünglich DirectXbox heißen, da Microsoft damit zeigen wollte, wie die DirectX-Technologie den Videospielmarkt verändern könnte.

» Microsofts erstes Computerspiel war *Olympic Decathlon*. Es erschien 1981 für den Apple II.

Ursprung der Guitar Hero-Reihe

Frequency für die PlayStation 2 war das erste bekanntere Spiel des *Guitar Hero*-Entwicklerstudios Harmonix. Das Spiel bietet bereits die grundlegende *Guitar Hero*-Mechanik die Tasten im richtigen Moment zu drücken. Anstelle eines Gitarren-Controllers wird das Spiel allerdings mit den Knöpfen des DualShock-Controllers gespielt.

Harmonix stellte das Spiel zunächst Microsoft vor. Diese lehnten einen Exklusiv-Deal ab, da ihrer Ansicht nach, ein Musikspiel ohne besonderes Zubehör sich nicht gut verkaufen würde.

Dem Klempner voraus

1997 erschien für den PC das Spiel *Rayman Designer*. Spieler können mit der Software ihre eigenen Jump & Run-Levels erstellen und diese online mit anderen Spielern teilen. Ein ähnliches Spielprinzip bietet *Super Mario Maker*, das allerdings erst 17 Jahre später für die Wii U auf den Markt kam.

Brust-Adventure

Lara Croft – Protagonistin der *Tomb Raider*-Serie – erhielt ihren Brustumfang durch einen Patzer am Arbeitsplatz: Der Designer Toby Gard spielte mit dem Charakter-Modell am Computer herum, als er aus Versehen die Brustgröße auf 150 Prozent einstellte. Als er den Fehler korrigieren wollte, überzeugten ihn seine Kollegen, die überdimensionale Brustgröße beizubehalten. So schaffte es Lara mit ihrem markanten Aussehen ins Spiel.

Übrigens sollte ursprünglich ein männlicher Charakter die Rolle des Protagonisten einnehmen. Die Entwickler entschieden sich jedoch für einen weiblichen Charakter, um potentiellen Ähnlichkeiten zu Indiana Jones und damit rechtlichen Auseinandersetzungen mit LucasArts aus dem Weg zu gehen.

short facts

» *X-Men vs. Street Fighter* war das erste Spiel der *Street Fighter vs.*-Reihe, bei dem Charaktere aus zwei verschiedenen Universen aufeinandertrafen.

» Ralph Bear, der für viele als Vater der Videospiele gilt, wurde in Deutschland geboren.

» Rizeros ist das erste *Pokémon*, das von Designer Ken Sugimori erschaffen wurde.

Nintendo sells

Diddy Kong Racing für das Nintendo 64 war als Fortsetzung des NES-Titels *RC-Pro AM* aus dem Jahr 1987 gedacht und sollte eigentlich gar nicht Diddy Kong beinhalten. Als das Entwicklerstudio Rare das Spiel Nintendo vorstellte, schlug Gamedesigner-Legende Shigeru Miyamoto vor, Diddy Kong als Hauptcharakter in das Spiel zu integrieren. Das Team von Rare war von diesem Vorschlag wenig begeistert, da man mit dem Titel eigentlich etwas komplett eigenständiges kreieren wollte, stimmte dann aber doch zu, da ein Nintendo-Maskottchen für höhere Verkaufszahlen sorgen würde.

Zeitvertreib mit Nebeneffekt

Tetris war nie als kommerzielles Spiel gedacht gewesen. Laut Alexei Leonidowitsch Paschitnow – dem Erfinder von *Tetris* – wollte er sich nur etwas Abwechslung gönnen. Eigentlich arbeitete er an Programmen zur Spracherkennung und zu künstlicher Intelligenz.

Der Name *Tetris* setzt sich übrigens zusammen aus dem griechischen Wort „Tetra" *(dt. vier)*, da alle *Tetris*-Steine aus vier Teilen bestehen, und dem Wort „Tennis", da dies die Lieblingssportart des Erfinders ist.

Technik entscheidet

Ursprünglich war *Metal Gear* (1987) als Shooter konzipiert. Die technische Limitierung des Heimcomputers MSX2, für den das Spiel entwickelt wurde, erlaubte eine actionreiche Darstellung jedoch nicht. Die Entwickler verlagerten daher den Schwerpunkt der Spielmechanik auf das Schleichen und Verstecken.

Spyro, der grüne Drache

Der Drache Spyro sollte eigentlich mit grüner Hautfarbe über den Bildschirm fliegen. Da er sich so aber von der Spiellandschaft mit ihren grünen Wiesen und Bäumen nicht genügend abhob, entschieden sich die Entwickler, ihm einen lilafarbenen Look für mehr Kontrast zu geben.

Eine Kämpferin betritt die Arena

Street Fighter II war das erste Kampfspiel mit dem ersten weiblichen, spielbaren Charakter.

Der Figur Chun-Li wurde 2009 zudem ein eigener Spielfilm gewidmet. Mit einem Umsatz von unter fünf Millionen Dollar in den USA war „Street Fighter: The Legend of Chun-Li" kommerziell ein Flop.

Aircraft Invaders

Von Star Wars inspiriert
gibt die Technik die Richtung vor

In *Space Invaders* sollten die Feinde zunächst in Form von Flugzeugen dargestellt werden. Entwickler Tomohiro Nishikado sah es jedoch technisch als schwierig an, diese zu animieren. Als er einen Magazinartikel über „Star Wars" las, kam ihm die Idee, das Spiel in einem Weltraum-Setting anzusiedeln.

Die nun erschaffenen Raumschiffe bewegten sich noch recht langsam auf dem Bildschirm. Ursprünglich sollten sie eine höhere Geschwindigkeit besitzen. Die technische Limitierung machte den Entwicklern allerdings einen Strich durch die Rechnung:

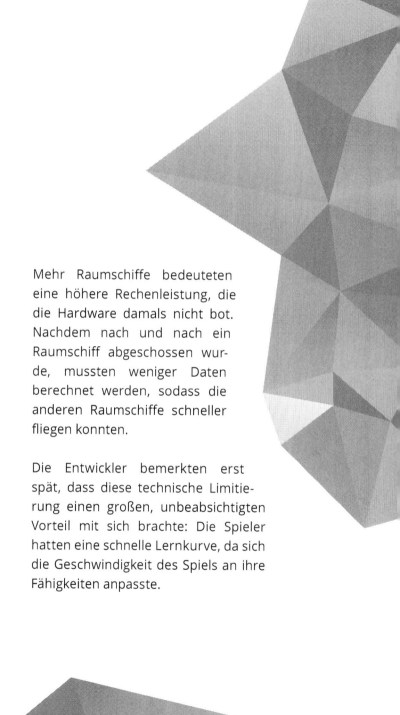

Mehr Raumschiffe bedeuteten eine höhere Rechenleistung, die die Hardware damals nicht bot. Nachdem nach und nach ein Raumschiff abgeschossen wurde, mussten weniger Daten berechnet werden, sodass die anderen Raumschiffe schneller fliegen konnten.

Die Entwickler bemerkten erst spät, dass diese technische Limitierung einen großen, unbeabsichtigten Vorteil mit sich brachte: Die Spieler hatten eine schnelle Lernkurve, da sich die Geschwindigkeit des Spiels an ihre Fähigkeiten anpasste.

Affenhitze

Entwickler Rare nutzte für die Entwicklung von *Donkey Kong Country* High-End-PCs, wie sie auch bei der Filmschmiede Pixar zum Einsatz kamen, um 3D-Renderings der Spielgrafiken zu erstellen. Die PCs gaben so viel Wärme ab, dass es in den Räumen von Rare bis zu 38 Grad Celsius heiß wurde.

short facts

» *The Legend of Zelda* für das NES war das erste Spiel, das auf seinem Modul eine Batterie besaß, um den Spielfortschritt zu speichern.

» *Mortal Kombat* führte aufgrund seiner exzessiven Gewaltdarstellung zur Schaffung der amerikanischen Alterskennzeichnung ESRB.

» Das erste *Crash Bandicoot*-Spiel wurde unter dem Codenamen „Sonic's Ass Game" entwickelt, da die Entwickler ein Jump & Run planten, bei dem man den Darsteller nur von hinten sieht.

Fotosafari ohne Motiv

Pokémon Snap war zunächst als ein Foto-Schießspiel angedacht, das ohne *Pokémon* auskommen sollte. Da die Entwickler befürchteten, dass das bloße Fotografieren von Landschaften die Spieler nicht interessieren würde, entschied man sich, die *Pokémon*-Wesen zu integrieren.

Resident Evil 3.5

Devil May Cry ist eine Spielidee, die während der Entwicklung von *Resident Evil 4* entstand. Die Entwicklung von *Resident Evil 4* begann 1999 und wurde mehrmals neu gestartet. In einer ersten Iteration hatten die Entwickler die Idee, das Gameplay um einen Charakter aufzubauen, der Schüsse in sehr schneller Folge abgibt und ein breites Spektrum an Angriffs-Moves besitzt. Der Producer Shinji Mikami hatte jedoch das Gefühl, dass diese Spielmechanik sich zu sehr von *Resident Evil* unterschied und überzeugte Capcom, daraus ein unabhängiges Spiel zu machen. Aus diesem Spielprinzip ging *Devil May Cry* hervor, welches 2001 erschien. Erst vier Jahre später kam *Resident Evil 4* auf den Markt.

Star Fox im Dino-Land

Star Fox Adventures hieß ursprünglich *Dinosaur Planet* und sollte sich nicht dem *Star Fox*-Universum bedienen. Das

Spiel wurde vom britischen Entwickler Rare für den GameCube entwickelt. Als Shigeru Miyamoto das Spiel zum ersten Mal sah, dachte er, es sei ein *Star Fox*-Spiel; immerhin bot *Dinosaur Planet* mit einem Fuchs als Protagonist große Ähnlichkeiten zu *Star Fox*. Miyamoto überzeugte die Entwickler von Rare, das Spiel umzuschreiben und aus diesem ein *Star Fox*-Titel zu machen.

Am Anfang war Tofu

Der erste Prototyp von *Splatoon* wurde rudimentär im Schwarz–Weiß-Look gehalten und diente dazu, das Potenzial der Spielidee zu testen. Anstelle von richtigen Charakteren verwendeten die Entwickler Blöcke, die über eine Nase die Farbe umherspritzten. Aufgrund der weißen Farbe der Blöcke bezeichneten die Entwickler den Charakter als Tofu. Später experimentierte Nintendo mit Hasen als Spielfigur. Die Idee wurde zugunsten der Tintenfische verworfen, da auf diese Art ein direkter Bezug zum Farbspritzen hergestellt werden konnte.

Drogenman

Megaman ist in Japan unter dem Namen *Rockman* bekannt. Als das erste *Megaman*-Spiel 1987 in Amerika auf den Markt kam, entschied sich das Lokalisierungsteam *Rockman* in *Megaman* umzubenennen, da „rock" in den USA eine populäre Bezeichnung für Crack ist.

» *Smash Bros.* sollte ursprünglich keine bekannten Nintendo-Charaktere beinhalten und „*Dragon King: The Fighting Game*" heißen.

» *Viewtiful Joe* hat in Japan den Untertitel „A New Hope", eine Anspielung auf den Film Star Wars Episode IV.

» *GoldenEye 007* für das Nintendo 64 erschien zwei Jahre nachdem der Film bereits in den Kinos angelaufen war.

» *Team Fortress*, *Counter-Strike* und *Day of Defeat* waren ursprünglich Fan-generierte Mods.

» *Minesweeper* war seit Windows 3.1. aus dem Jahr 1993 in allen Windows-Versionen vorinstalliert. Seit Windows 8 ist es nicht mehr vorinstalliert, kann jedoch gratis aus dem Store heruntergeladen werden.

» *Bomberman* wurde zunächst unter dem Namen *Eric and the Floaters* auf den Markt gebracht.

Eine lange Fahrt

Warum GTA beinahe nicht erschienen wäre und ein Fehler zum Erfolg wurde

GTA wurde ursprünglich unter dem Namen *Race'n'Chase* entwickelt und wäre beinahe gar nicht erst erschienen.

Race'n'Chase war als Rennspiel aus der Vogelperspektive gedacht, in dem die Spieler unter anderem versuchen mussten, zu einem Sicherheitspunkt zu kommen, ohne von der Polizei erwischt zu werden. Waffen oder Gewalt gegen Passanten waren nicht geplant. Aufgrund von Software-Fehlern und Schwächen im Spielkonzept erwog der Publisher BMG Interactive sogar die Entwicklung einzustellen.

Bei Testvorführungen zeigte sich, dass Spieler sehr aggressiv vorgingen und Polizeiautos von der Straße rammten, da diese durch einen Spielfehler den Weg versperrten. Die Entwickler sahen in den Reaktionen der Tester eine Möglichkeit, das Spiel actionreicher und spannender zu gestalten, weshalb Waffen und härtere Verfolgungsjagden eingebaut wurden.

Das Spiel fand 1997 unter dem Titel *Grand Theft Auto* Einzug in die Ladenregale.

Pac-Man lernt laufen

Pac-Land (1984) war das erste Jump & Run-Spiel mit *Pac-Man* als Protagonist. Um die Sprunganimation möglichst realistisch aussehen zu lassen, entschieden sich die Entwickler *Pac-Man*, der bis dato in Spielen nur aus einem Kreis bestand, Arme und Füße zu geben.

Conkers gespaltene Persönlichkeit

Conker hatte seinen ersten Auftritt als Fahrer in *Diddy Kong Racing* (1997) für das Nintendo 64.

Zwei Jahre später spendierte ihm Entwickler Rare sein erstes eigenes Solo-Abenteuer: *Conker's Pocket Tales* für den Game Boy Color. Conker war damals noch ein familientauglicher, freundlicher Charakter. Mit dem Erscheinen von *Conker's Bad Fur Day* (2001) für das Nintendo 64 änderte Rare den Charakter grundlegend: Aus dem freundlichen Eichhörnchen wurde ein saufender, pöbelnder und um sich schießender Raufbold.

Hart am (Speicher-)Limit

Final Fantasy VII war zunächst für das Nintendo 64 angedacht. Die Entwickler stellten jedoch schnell fest, dass die Speicherbegrenzung der Spielmodule sie zu sehr einschränkte. Es hätte elf bis fünfzehn Spielmodule gebraucht, um das komplette Spiel für das Nintendo 64 auszuliefern. Der Publisher Squaresoft entschied sich daher für eine Umsetzung auf der PlayStation, für die das Spiel auf vier Gamediscs erschien.

Suche Protagonisten, biete Spiel

Kirby war ursprünglich nur als Platzhalter in der Entwicklung eines Spiels gedacht: Da noch nicht feststand, wie der Spielcharakter aussehen sollte, aber an der Spielumgebung bereits gearbeitet wurde, nahmen die Entwickler zunächst einen Kreis als Platzhalter für den Charakter. Im Verlauf der Entwicklung entschieden sich die Entwickler, dem Platzhalter-Kreis ein Gesicht, Arme und Beine und somit eine Persönlichkeit zu geben, die der steuerbare Charakter im Spiel und somit zu Kirby wurde.

Wie Steve Jobs Halo ankündigte

Halo, eines der erfolgreichsten und wichtigsten Spiele für die Xbox, wurde 1999 von Apple-Gründer Steve Jobs auf der Macworld angekündigt. Damals war das Spiel noch als Third-Person-Shooter für den PC und Mac geplant.

Als Microsoft das Entwicklerstudio Bungie 2000 aufkaufte, wurde aus *Halo* ein Exklusiv-Titel für die Xbox. Aufgrund des großen Erfolgs des Spiels kam es 2004 doch noch zu einer Umsetzung für den PC und Mac.

Mit der Härte des Automaten

Street Fighter war in der Automaten-Version zunächst mit einer echten Schlag-Steuerung geplant. Anstatt nur Knöpfe zu drücken, besaßen die ersten Automaten ein Gummi-Pad, auf das die Spieler einschlagen mussten, um härtere Treffer zu generieren. Die Steuerung wurde nach einer Testphase gegen die reine Button-Steuerung ausgetauscht, da das Gummi-Pad zu schnell kaputtging.

short facts

» *Snake* war das erste Spiel, das es für Handys gab. Es wurde erstmals 1997 mit dem Nokia 6110 verteilt.

» Bis zur Umsetzung der PlayStation-Version 1997 war die *Final Fantasy*-Reihe exklusiv auf Nintendo-Systemen beheimatet.

» *Half-Life* war das erste Spiel des Entwicklerstudios Valve.

» *Saints Row* sollte ursprünglich *Bling Bling* heißen und bereits auf der PlayStation 2 veröffentlicht werden.

Toys for Life vor Skylanders

Skylanders war nicht das erste Videospiel, das Spielzeugfiguren zum Leben erwecken ließ. Mattel brachte bereits 2007 *UB Funkeys* für den PC auf den Markt. Das Spiel beinhaltete ein Portal, auf welches die Spieler eine Sammelfigur stellen konnten, um so neue Inhalte im Spiel freizuschalten. Insgesamt erschienen 49 Figuren in jeweils drei verschiedenen Designs zum Sammeln.

Gleichberechtigung für alle

The Last of Us machte während der Entwicklung viele Änderungen durch. Ursprünglich sollte das für Menschen tödliche Virus nicht die komplette Menschheit betreffen, sondern nur Frauen sollten infiziert werden. Nachdem es intern kritische Stimmen gab, dass ein Spiel, in dem Frauen sich in Monster verwandeln und von Männern erschossen werden, nicht die klügste Idee sei, entschied man sich, das Virus auf die gesamte Menschheit loszulassen.

Die Idee für einen Parasitenpilz, der in *The Last of Us* die Menschen befällt und verwandelt, kam Entwickler Neil Druckmann beim Schauen einer Reportage von BBC Earth: Es gibt tatsächlich einen Parasiten, der Ameisen befällt und sich in deren Gehirn einnistet, um sich fortzupflanzen.

Verkaufszahlen geben die Richtung vor

The Legend of Zelda: Twilight Princess begann in der Entwicklung als *Wind Waker 2* und sollte den gleichen Cel Shading-Look verwenden. Da die Verkaufszahlen von Wind Waker in den USA jedoch weit hinter den Erwartungen zurücklagen und man das Feedback bekam, dass der kindliche Look viele erwachsene Spieler abschreckte, entschied man sich für eine realistischere Spieloptik.

Aufbruch der Würmer

Die Idee zum rundenbasierten Strategiespiel *Worms* entstand als Beitrag in einem Preisausschreiben. Der Hobby-Programmierer Andy Davidson entwickelte mit *Total Wormage* ein Spiel als Einsendung für ein Preisausschreiben in einem Computermagazin. Davidson gewann zwar keinen Preis, nahm aber Kontakt mit dem Entwicklerstudio Team 17 auf, welches – basierend auf seiner Idee – das Spiel Worms entwickelte.

Top Secret vor dem Chef

Die Minispiel-Sammlung *WarioWare* wurde von einem kleinen Team bei Nintendo ohne Kenntnis ihres Abteilungsleiters entwickelt. Erst als der Prototyp stand, stellten die Entwickler ihren Vorgesetzten das Spiel vor und baten um Erlaubnis, es weiter entwickeln zu dürfen.

Ein Sack voller Helden

Während der Entwicklung von *LittleBigPlanet* war anstelle von Sackboy der Charakter YellowHead der Protagonist des Spiels. Dieser Charakter besteht aus einem gelben Quadrat mit Augen und einem lilafarbenen Körper mit Beinen aus Dreiecken. Als Sackboy zur Hauptfigur erkoren wurde, musste YellowHead nicht komplett weichen: Er kann im Spiel als Kostüm freigeschaltet werden, zudem ist er als Easter-Egg in *Tearaway* versteckt.

Final Fantasy, was?

Squaresoft ließ einen vereinfachten Ableger von *Final Fantasy* unter dem Namen *Mystic Quest* eigens für den westlichen Markt anfertigen. Das Spiel ist für Einsteiger in das Rollenspiel-Genre gedacht.

Die Programmiersprache ist das Ziel

Um die Ladezeiten in *Jak and Daxter* möglichst kurz zu halten, wurde die Programmiersprache GOAL verwendet. Es beherrschte jedoch nur ein Mitarbeiter des Entwicklerstudios diese Programmiersprache, sodass ihm alle anderen Programmierer zuarbeiten mussten und er selbst die Inhalte für GOAL anpasste.

Moorhuhn oder Schnapsdrossel?

Moorhuhn war als Werbespiel für die schottische Whisky-Marke Johnnie Walker gedacht und sollte nur in Bars gespielt werden können. Als die Spielstationen in den Bars recht bald für großes Interesse sorgten, erkannte man das Potenzial und veröffentlichte das Spiel kostenlos im Netz.

Show Me Your Face

Die Entwickler von *Crash Bandicoot* hatten Sorge, dass die Spieler sich nicht mit dem Darsteller Crash identifizieren würden, da man diesen immer nur von hinten sah. Aus diesem Grund bauten die Entwickler einige Levels ein, in denen man Crash von vorne sieht, während er versucht, einem Felsbrocken auszuweichen, der hinter ihm her rollt.

Übrigens: Den Namen „Crash" wählten die Entwickler, weil die Figur im Spiel häufig in Kisten „crashte".

Diablo-Anfänge im Multiplayer

Das erste *Diablo*-Spiel beinhaltet 16 Levels. Geplant war, alle Levels auch im Multiplayer spielbar zu machen. Am Ende schafften es jedoch nur vier Levels in den Multiplayer, da den Entwicklern die Zeit nicht mehr reichte.

Fremdgefahren

Die *Wipeout*-Serie gilt als PlayStation-exklusiv. Tatsächlich erschien *Wipeout* seit dem ersten Spiel 1995 auf einer PlayStation-Konsole. Anfangs schaffte es *Wipeout* jedoch auch auf andere Systeme, wie zum Beispiel den Sega Saturn. Für das Nintendo 64 erschien 1998 sogar eine Exklusiv-Version. Erst seit *Wipeout 3* (1999) ist die Serie exklusiv auf PlayStation-Konsolen beheimatet.

short facts

» Das erste *GTA* nutzte eine einfache Darstellung aus der Vogelperspektive und erschien auch für den Game Boy Color.

» Die Spielserie *The Legend of Zelda* sollte ursprünglich *The Hyrule Fantasy* heißen.

» Sonic ist blau, da SEGA ein Maskottchen wollte, das die gleiche Farbe wie das Unternehmenslogo trägt.

» *Final Fantasy VII* war das erste Spiel der Reihe, das eine Sprachausgabe enthielt: In dem Lied „One Winged Angel" konnte man erstmals englischsprachige Wörter hören.

Clark Kent entert den Controller

Superman war der erste Superheld, der sein eigenes Video-spiel bekam. Seine Premiere feierte Superman 1979 auf dem Atari 2600. Durch einen Bug ist es möglich, das Spiel in nur einer Sekunde zu beenden: Dazu muss man lediglich in der Eröffnungssequenz die Pause-Taste drücken.

Ladies Second

Ms. Pac-Man wurde erfunden, weil Midway – der amerika-nische Vertriebspartner von Namco – zu lange auf eine Fortsetzung von *Pac-Man* aus Japan wartete.

Midway erwarb von zwei MIT-Studenten das Spiel *Crazy Otto*, welches von den beiden als inoffizielle Erweiterung von *Pac-Man* gedacht war. Das Spielprinzip basierte auf *Pac-Man*, der Charakter in *Crazy Otto* war jedoch eine Kombination aus *Pac-Man* mit Beinen. Nachdem Midway das Spiel gekauft hatte, wurde der Charakter gegen einen *Pac-Man*-Sprite mit Lippenstift und Schleife ausgetauscht und das Spiel als *Ms. Pac-Man* vertrieben.

Kapitel 2

Harte Fakten

Zubehör und Hardware aus einer anderen Dimension

Spiele leben von Technik und Ideen. Um aus der bloßen Masse hervorzustechen, haben manche Entwickler die Schnittstelle „Konsole – Mensch" mit verrückten Eingabemöglichkeiten erweitert. Wenn Grenzen verschwinden, zeigt sich eins: Meist wiederholt sich die Geschichte. Davon zeugt das folgende Kapitel.

Liebe geht durch die Nase

Das PC-Spiel *Leisure Suit Larry: Yacht nach Liebe*, welches 1996 erschien, enthielt den CyberSniff 2000. Es handelte sich dabei um eine Karte mit aufgedruckten Zahlen. Im Verlauf des Spiels werden auf dem Bildschirm Zahlen angezeigt, die der Spieler auf der Karte anrubbeln soll. Durch das Rubbeln setzen sich verschiedene Düfte frei, die dem aktuellen Spielszenario entsprechen.

Netter Fakt am Rande: Das Spiel wurde 2007 als Remake auf Smartphones gebracht. Damals jedoch ohne Duft-Karte.

Was riecht denn hier so?

Die Firma Feelreal verkauft Geruchsmasken, die in Verbindung mit einer VR-Brille (zum Beispiel Oculus Rift) verwendet werden können. Ähnlich wie ein Mundschutz wird die Maske an den Mund angelegt und kann aus bis zu sieben Kammern Düfte versprühen, die der Spieler wahrnimmt. Offizielle Games, die diese Technologie unterstützen, existieren aber noch nicht.

Der Name ist Programm

Für das Rhythmusspiel *REZ* für die PlayStation 2 wurde in Japan ein zusätzliches Vibrationsmodul mit dem Namen

Trance Vibrator verkauft. Das Modul kann via USB an die PlayStation 2 angeschlossen werden und sorgt für deutlich mehr Vibration, als es der DualShock 2-Controller tut. Das Zubehör ist eigentlich dazu gedacht, das rhythmische Empfinden im Spiel zu verstärken. Manche Spieler zogen daraus einen größeren Mehrwert und benutzten es auch als Sex Toy.

DS-Karaoke

Das Mikrofon des Nintendo DS wird nicht nur für einfache Sprachkommandos genutzt. Im Spiel *Daigasso! Band Brothers* kann man damit Karaoke singen.

Für das Spiel erschien zudem ein Erweiterungspack: Da damals aber noch keine Inhalte aus dem Netz heruntergeladen werden konnten, veröffentlichte Nintendo die Erweiterung auf einem Game Boy Advance-Speichermodul. Um die Erweiterung nutzen zu können, mussten sowohl das Original-Spiel im DS-Kartenslot sowie das Game Boy Advance-Modul im vorgesehenen Slot eingefügt sein.

Volltreffer

Der Hersteller TN Games brachte eine Gaming-Weste auf den Markt, die mit Hilfe kleiner Luftstöße Treffer und Wunden simuliert. Die Weste kam zum ersten Mal in *Call of Duty 2* zum Einsatz.

Oldies but Goldies

Die brasilianische Firma Tectoy stellt heutzutage immer noch Konsolen her, die auf der Sega Mega Drive-Technologie basieren. So wurde zum Beispiel ein Handheld mit 20 vorinstallierten Spielen des Mega Drive auch in Deutschland veröffentlicht.

Sega und die Bewegungssteuerung

Für das Mega Drive veröffentlichte Sega 1993 den Controller *Activator*. Es handelte sich um einen oktogonal-förmigen Ring, der auf den Boden gelegt wird und in den sich der Spieler stellt. Der Controller wurde als die ultimative Bewegungssteuerung vermarktet, in Wahrheit transferiert er aber die Bewegungen nicht 1:1 ins Spiel, sondern ist vielmehr eine Interpretation zum Buttondrücken. Bewegt ein Spieler zum Beispiel den Arm oder das Bein über die rechte Hälfte des Rings, wird dies als Befehl zum Drücken des A-Knopfes erfasst.

Der Controller kam aus der Nische nicht heraus, sodass insgesamt nur drei Spiele mit ihm kompatibel sind (*Eternal Champion*s, *Mortal Kombat* und *Comix Zone*).

Metal Gear Solid Meets Real Life

Der GPS-Adapter für die PlayStation Portable erlaubt es in *Metal Gear Solid: Portable Ops* Zusatzinhalte freizuschalten.

Hierzu wird, ähnlich wie beim Geo-Caching, eine Karte mit der aktuellen Position sowie einer Stelle mit dem Bonusinhalt angezeigt. Bewegt sich der Spieler in der echten Welt, werden seine Bewegungen auf der Karte übernommen und er kann so den Bonusinhalt finden.

Mit der Sonne spielen

Boktai: The Sun Is in Your Hands kann nur mit Sonnenlicht gespielt werden. Das Game Boy Advance-Spiel verfügt über einen UV-Sensor, der die Sonnenstrahlen misst. Mit genügend Sonnenstrahlen wird die Waffe im Spiel geladen. Die Energie dient dazu, Vampire zu besiegen.

short facts

» Eigens für den japanischen Markt wurde eine kleinere und kompaktere Version des Xbox-Controllers hergestellt, welcher später auch im Westen veröffentlicht wurde.

» Mit dem Game Boy Printer – einem kleinen Thermodrucker für den Game Boy – kann man Einträge aus dem Pokédex der *Blauen, Roten* und *Gelben Edition* ausdrucken.

3D-Tiefeneffekt auf der PSP

Metal Gear Acid 2 für die PlayStation Portable erlaubt es den Spielern, Bilder in stereoskopischem 3D zu sehen. Hierzu liegt dem Spiel ein Cardboard bei, welches auf dem Bildschirm der PlayStation Portable angebracht wird. Für jedes Auge wird ein leicht unterschiedliches Bild angezeigt, was zum gewünschten 3D-Effekt führt.

Dance Dance Revolution-Mini

Das Musikspiel *Dance Dance Revolution* wird eigentlich auf einer knapp ein mal ein Meter großen Tanzmatte gespielt. Der Hersteller Venom brachte jedoch eine Tanzmatte heraus, die mit den Fingern bespielt werden kann. Die Miniaturmatte hat eine Größe von zehn mal elf Zentimetern.

Die Mutter aller Balance-Boards

16 Jahre bevor Nintendo mit dem Wii Balance-Board den Markt für Balance-Spiele eroberte, brachte bereits der Hersteller Amiga einen Balance-Controller unter dem Namen *Joyboard* auf den Markt.

Der Controller, der wie eine Waage im schwarzen Plastikgehäuse daherkam, wird auf den Boden gestellt und vom Spieler mit beiden Beinen betreten. Acht Richtungspunkte messen die Stelle, auf der der Spieler sein Gewicht verteilt.

Ein kommerzieller Erfolg wurde der Controller nicht: Es wurde mit der Ski-Simulation *Mogul Maniac* nur ein einziges Spiel veröffentlicht, obwohl sich weitere Spiele bereits in der Entwicklung befanden.

Nintendo als Online-Pionier?!

Die Schritte von vernetzten Konsolen reichen bei Nintendo weit zurück. Ende der 80er Jahre experimentierte der Publisher in Japan mit einem Network-Adapter für das Famicom, bei dem die User zum Beispiel Online-Banktransaktionen vornehmen konnten. Zu damaliger Zeit war dieser Service noch sehr rudimentär aufgestellt und fand kaum Anklang. Um möglichst hohen Komfort bei der Bedienung zu ermöglichen, brachte Nintendo einen Spezial-Controller für das Famicom heraus, der in der Mitte Nummern- und Zeichentasten besaß.

Lan-Party mit der PlayStation

Das PlayStation-Spiel *Toca* war das erste Spiel, das einen Vierspieler-Modus unterstützte. Da pro Konsole nur zwei Controller angeschlossen werden können, verfügt das Spiel über das PlayStation-Link-Feature. Mit diesem Feature ist es möglich, zwei PlayStation-Konsolen via Kabel zu verbinden. Größter Nachteil: Das Spiel wird weiterhin nur im Zweispieler-Splitscreen angezeigt, sodass man für jede Konsole auch einen eigenen Fernseher benötigt.

Start der Revolution

Wie Nintendo bereits 2001
die Zukunft ihrer Konsolen offenbarte

Bereits vor der Wii plante Nintendo eine Bewegungssteuerung für den GameCube. Zu diesem Zweck sollte ein Game Boy Advance, der ein spezielles Modul für Bewegungssteuerung enthielt, mit dem Game-Cube verbunden werden.

Als erstes Spiel kündigte Nintendo *Kirby Tilt ,n' Tumble 2* an. Ziel des Spiels war es, durch Neigen und Kippen des Game Boy Advance Kirby durch ein Labyrinth zu manövrieren.

Die Idee ging noch einen Schritt weiter und zeigte auch schon das Konzept für die Wii U: Der Game Boy Advance wurde

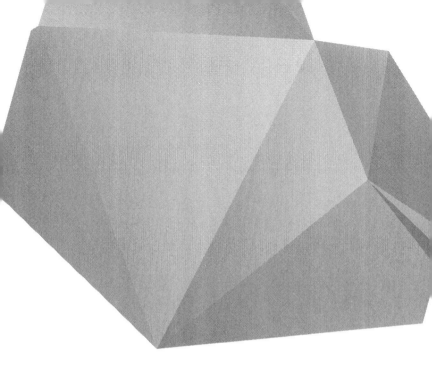

nicht nur als Controller verwendet, sondern auch als zusätzlicher Bildschirm. Kugelte Kirby auf dem Fernseher zum Beispiel in einen Berg, verlagerte sich das Spielgeschehen auf den Bildschirm des Game Boy Advance, auf dem man Kirby im Inneren des Berges steuerte.

Das Spiel und das Steuerungsmodul wurden von Nintendo jedoch nie veröffentlicht. Wie man heute weiß, mündeten die Ideen in der Wii und der Wii U.

Wenn die Konsole zum PC wird

Für die PlayStation 2 veröffentlichte Sony ein offizielles Zubehör-Paket, mit dem sich die Konsole auch als PC nutzen lässt. Hierzu erhielt der User eine 40GB Festplatte, einen VGA-Adapter, einen Ethernet Adapter, eine Tastatur und eine Maus sowie eine Linux-Software. Werden alle Zubehörteile an die PlayStation 2 angeschlossen und die Linux-Disc eingelegt, verwandelt sich die Konsole in einen funktionstüchtigen PC mit Linux als Betriebssystem.

Online 1983

Bereits 1983 konnte man sich für den Atari 2600 Spiele „herunterladen". Hierzu wurde eine spezielle Hardware mit dem Namen *Master Module* in den Modulschacht der Konsole gesteckt und diese an die Telefonbuchse angeschlossen. Über 70 Spiele konnten die Spieler damals herunterladen.

Ost-West-Unterschiede

Um den NES Zapper besser als Spielzeug vermarkten zu können, entschied sich Nintendo, den Zapper in westlichen Ländern grau und orange zu gestalten. In Japan war der Zapper wie ein Revolver in Brauntönen gehalten und wirkte wie eine echte Waffe.

Angeln mit dem Game Boy

Mit dem *Pocket Sonar*-Zubehör für den Game Boy können Angler in bis zu 20 Metern Tiefe Fische orten. Falls es mit dem echten Angeln einmal nicht klappt, kann man mit dem Zubehör auch ein virtuelles Angelspiel auf seinem Game Boy spielen.

short facts

» *Soul Calibur* für das Dreamcast kann mit einer Bewegungssteuerung gespielt werden. Hierzu kommt ein Angel-Controller zum Einsatz, den Sega für Angel-Simulationen kreierte.

» Die Entwickler des Shooters *GoldenEye* planten, das Nachladen im Spiel zu ermöglichen, indem man das Rumble Pack des Nintendo 64-Controllers herausnahm und wieder einsteckte. Die Idee wurde jedoch verworfen.

» Als die PlayStation 2 in Japan erschien, war sie der günstigste DVD-Player auf dem Markt.

Wie der Game Boy zu wachsen begann

Der Hyperboy war ein Versuch von Konami 1992 aus dem Game Boy ein Tabletop zu machen. Hierzu wird in ein automaten-förmiges Gehäuse der Game Boy eingelegt. Das Display wird durch eine darüber liegende Lupe vergrößert. Gesteuert wird über einen Kugel-Stick und hervorgehobene Knöpfe, die mechanisch den Input an den darunterliegenden Game Boy weitergeben. Die einzige direkte Verbindung zwischen dem Game Boy und dem Hyperboy ist ein Stecker für die Audiobuchse: So kann der Hyperboy den Sound über eigene Lautsprecher ausgeben.

short facts

» *Lylat Wars* war das erste Konsolenspiel, das das Rumble Pack unterstützte.

» Die erste Xbox wurde der Öffentlichkeit als eine Konsole in X-Form präsentiert. In der finalen Version entschied man sich für einen wohnzimmer-tauglicheren Look in Form einer rechteckigen Box, in der das X nur angedeutet ist.

» Der Game Boy hat eine Bildwiederholungsrate von fast 60 Frames per Second.

3D Made in 1987

Das erste Spiel, das stereoskopische Inhalte in 3D darstellen konnte, war *3-D Worldrunner* für das NES. Dem Spiel lag eine Rot-Blau-Brille bei, über die der 3D-Effekt betrachtet werden konnte.

Disney World Infinity

Besucher des Themenparks Disney World erhalten als Eintrittskarte ein Armband. Dieses Armband kann auch auf das Portal von *Disney Infinity* gelegt werden, wo es im Spiel besondere Zusatzinhalte freischaltet.

Der Ein-Button-Controller

Für die Wii (entwickelt unter dem Codenamen „Revolution") experimentierte Nintendo mit einer Vielzahl von Steuerungsarten. Ein Controller bestand dabei nur aus einer einzigen Taste, die einen handflächengroßen Stern darstellte.

Striche für einen Kampf

Bei *Barcode Battler* handelt es sich um eine Handheld-Konsole, die Barcodes einlesen kann. Gespielt wird mit speziellen Barcode-Karten, aber auch die Strichkennzeichnungen von anderen Produkten lassen sich verwenden. Durch das Einscannen der Codes sammelt man Angriffspunkte für einen rundenbasierten Kampf. Die Konsole erschien 1991 und konnte vor allem in Japan große Verkaufserfolge erzielen, weshalb ein Jahr später eine zweite Konsole mit einer Schnittstelle für das Famicom und SNES erschien.

Diese Konsole trägt Geheimnisse im Inneren

Auf der Innenseite des Amiga 1000 befinden sich die Signaturen des Designteams sowie der Pfotenabdruck eines Hundes. Um die Signaturen sehen zu können, muss das Gehäuse des Computers geöffnet werden.

short facts

» Die originale Xbox war die erste Konsole, die vollen HD-Support bot. Es nutzten jedoch nur sechs Spiele die Möglichkeit der Ausgabe in hoher Auflösung aus.

» Nintendo, Sega und Namco entwickelten gemeinsam eine 3D-Grafikkarte für Automaten. Sie trug den Namen „Triforce".

Multiplayer einmal anders

Der größte, funktionierende Controller wurde für das NES gebaut. Er ist über 360 Zentimeter lang, 160 Zentimeter hoch und 50 Zentimeter tief. Damit ist er so groß, dass eine einzige Person damit nicht spielen könnte. Es bedarf mindestens zwei Spieler: Eine Person bedient das Steuerkreuz, während die andere Person mit beiden Händen die A-/B-Knöpfe bedient.

Erste Schwertkämpfe

Das nur in Japan erschienene *Kenshin Dragon Quest* (2003) wurde mit einem Controller in Schwertform ausgeliefert. Der Controller verfügt über eine Bewegungssteuerung (damals eine absolute Innovation). Durch Bewegungen des Schwertes kann der Spieler die Monster im Spiel besiegen. Das Spiel erschien als Standalone-Variante und kann direkt an den Fernseher angeschlossen werden, sodass keine zusätzliche Konsole nötig ist.

Kapitel 3

Fehler, Bugs & Pannen

Lektionen, wie man es nicht machen sollte

Keiner mag sie wirklich und doch kommen Games meist nie ohne sie. Wenn Videospiele mit der Technik kämpfen, kann dies zu ungewolltem Spaß führen oder unverfrorener Wut darüber, wofür man gerade sein Geld ausgegeben hat.

Warum nicht nur Spieler beim Thema Fehler leiden, sondern auch Publisher häufig in den sauren Apfel beißen müssen, erfährst du jetzt.

Batmans Verspätung

Zum Film The Dark Knight wollte EA ein Batman-Spiel veröffentlichen. Das Spiel wurde jedoch nicht rechtzeitig zum Kinostart fertiggestellt, sodass ein neuer Launch-Termin mit der Veröffentlichung der DVD und Blu-Ray des Films anvisiert wurde. Auch dieser Termin konnte nicht eingehalten werden. Dies war besonders tragisch, da EA die Batman-Lizenz nur für einen begrenzten Zeitraum besaß und diese ablief, bevor das Spiel fertiggestellt wurde. In einem Artikel der Newsweek wurde der entstandene Schaden für EA auf rund 100 Millionen Dollar geschätzt. Die Lizenz ging anschließend an Eidos, die mit dem Entwicklerstudio Rocksteady den äußerst erfolgreichen Teil *Batman: Arkham Asylum* entwickelten.

Spiel installiert, Festplatte fragmentiert

Das Action Strategie-Spiel *Myth II: Soulblighter* – entwickelt von Bungie – wurde mit einem schwerwiegenden Bug ausgeliefert: Nutzte ein PC-User bei der Installation eine Festplatte mit einem bestimmten Namen, wurde nicht das Spiel installiert, sondern es wurden alle Daten auf der Festplatte gelöscht. Der Fehler wurde bemerkt, als die ersten Spiele bereits auf Disc gepresst waren, aber noch bevor das Spiel in den Ladenregalen stand. Bungie sah sich gezwungen die komplette Erstauslieferung auszutauschen. Der Schaden wurde auf 800.000 Dollar geschätzt, was in etwa dem Entwicklungsbudget des Titels entsprach.

Scheitern mit Ansage Teil 1

Die Lizenzrechte für *Tetris* waren Ende der 80er Jahre kaum durchschaubar. Atari hatte angenommen, die Rechte an dem Spiel zu besitzen und fertigte hunderttausende Spiele für seine Konsole an. Tatsächlich jedoch war Nintendo im Besitz der Lizenz, sodass Atari gezwungen war, die bereits hergestellten Spiele zu vernichten. Dies war einer der Gründe, weshalb Atari schließen musste.

Hardware behebt Bug

Donkey Kong 64 erschien in einem Bundle zusammen mit dem Expansion Pak. Das Spiel besaß einen schwerwiegenden Bug, den die Entwickler von Rare partout nicht beheben konnten. Der einzige Weg das Problem zu lösen, bestand darin, dem Spiel kostenlos das Expansion Pak beizulegen, was den Entwickler Rare ein Vermögen kostete. Das Expansion Pak erweiterte den Arbeitsspeicher des Nintendo 64 um 4 MB und der Fehler trat nicht mehr auf.

Hitman und die Sex Toys

Hitman Absolution enthielt im Ankündigungstrailer einen Barcode, der das Release-Datum (7. Juli 2011) darstellen sollte. Wenn man die Barcode-Nummer in Amazon eingab, gelangte man zu einem Sex Toy-Produkt.

Bugfix: Brustgröße verkleinert

Durch einen Patch wurde die Brustgröße der weiblichen Charaktere in *Age of Conan* verkleinert. Der Entwickler Funcom erklärte, dass es sich hierbei um einen ungewollten Bug handelte und man die Brustgröße wieder korrigieren würde.

Fertig und trotzdem vergessen

Tomb Raider: Legend enthält keine einleitende Eröffnungssequenz. Diese war eigentlich eingeplant und fertiggestellt, aber ein Entwickler vergaß, sie in die finale Version des Spiels einzubauen. Der Fehler wurde zwar bemerkt, der Publisher Eidos entschied sich jedoch, diesen nicht zu beheben, um den festgesetzten Erscheinungstermin nicht zu gefährden.

Das Spiel, das fertig war und nie erschien

Von *NBA Elite* ist die Existenz von nur neun Exemplaren bekannt. Kurz vor dem Release entschied sich der Publisher EA, die Veröffentlichung aufgrund mangelnder Qualität abzusagen. Einige wenige Discs waren allerdings bereits produziert worden und in Umlauf geraten. Das Spiel ist bei Sammlern so begehrt, dass ein Exemplar im Sommer 2011 für knapp 1.500 Dollar via Ebay den Besitzer wechselte.

» *Unreal Championship* für die Xbox war das erste Konsolen-Spiel, das einen Download-Patch erhielt.

» Als *Halo* das erste Mal in Europa vorgestellt wurde, ging die Demo-Maschine in Rauch auf.

Untergang mit Casual-Spielen

Mit der Software und dem dazugehörigen Grafik-Tablet *uDraw* für die Wii konnte THQ gute Verkaufszahlen verzeichnen. Man entschied daher, das Zubehör auch für die Xbox 360 und PlayStation 3 umzusetzen. Es fanden sich allerdings weit weniger Käufer für diese Versionen, als von THQ erhofft. Auf knapp 14 Millionen unverkaufter Einheiten blieb THQ sitzen, was einen Verlust von 100 Millionen Dollar bescherte. THQ war finanziell bereits angeschlagen. Die große Fehlplanung rund um *uDraw* beschleunigte 2013 den Bankrott des Unternehmens.

Die Marke THQ existiert übrigens weiter. Der schwedische Publisher Nordic Games hat sich die Rechte an der Marke THQ gesichert und plant, unter diesem Namen Spiele zu vertreiben.

Zwei halbe Spiele zum Preis von einem

Die PC-Version von *Call of Duty: Black Ops 2* wurde teilweise mit *Mass Effect 2* ausgeliefert, obwohl die beiden Spiele von zwei unterschiedlichen Publishern stammen.

Das Presswerk, das sich um die Herstellung der DVDs kümmerte, war sowohl für die Herstellung von *Call of Duty: Black Ops 2* als auch von *Mass Effect 2* beauftragt. Bei der Herstellung der Spiele muss es zu diesem Fehler gekommen sein.

short facts

» In *Tiger Woods PGA Tour 09* gibt es einen Bug, der den Golfspieler über Wasser laufen lässt.

» Microsoft musste 2005 knapp 14 Millionen Powerkabel der Xbox zurückrufen, da diese überhitzen konnten.

» Der Baseball-Spieler Joel Zumaya verletzte sich am rechten Arm wegen zu intensives *Guitar Hero* spielen so sehr, dass er in der Saison 2006 komplett aussetzen musste.

Pikmin auf dem PC

In der GameCube-Version von Pikmin ist eine ausführbare exe-Datei enthalten. Legt man das Spiel in das DVD-Laufwerk eines Computers ein und öffnet ein Debug-Menü, kann das Spiel auf dem PC gestartet werden.

Remake startet mit Neuentwicklung

Für das Remake *Kingdom Hearts 1.5* mussten viele Teile des Spiels von Grund auf neu entwickelt werden. Die Ursprungsdateien von *Kingdom Hearts* konnten laut den Entwicklern nicht mehr verwendet werden, da man sie verloren hatte. Der erste Teil von *Kingdom Hearts*, auf dem das Remake beruht, erschien 2002 für die PlayStation 2.

Der Fehler, der Microsoft teuer zu stehen kam

Den wahrscheinlich teuersten Fehler der Videospiel-Geschichte musste Microsoft verzeichnen. Vielen Spielern ist der „Red Ring of Death" noch ein Begriff. Händler und Spieler berichteten, dass rund 30 Prozent aller Xbox 360-Konsolen, die in den Jahren 2005 bis 2007 produziert wurden, einen Hardware-Fehler besaßen. Dieser Fehler äußerte sich in Form einer roten Statusanzeige und machte die Konsole unbrauchbar. Microsoft entschied sich, allen Käufern eine Garantie von drei Jahren anstelle der üblichen einjährigen Garantiezeit anzubieten. Viele Xbox 360-Konsolen mussten im Zuge des Garantie-Programms ausgetauscht werden. Es wird geschätzt, dass der „Red Ring of Death" Microsoft rund eine Milliarde Dollar kostete.

Doppelt presst besser

Einige Launch-Spiele von Midway wurden für das Dreamcast zweimal veröffentlicht. Bei manchen Spielen der ersten Auslieferung kam es zu Problemen beim Disc-Pressen, was die Games unspielbar machte. Betroffen waren unter anderem *Ready 2 Rumble Boxing*, *Mortal Kombat Gold* und *NFL Blitz 2000*. Der Herstellungsfehler konnte beseitigt werden und die Spiele wurden noch einmal veröffentlicht. Aufschriften wie „Hot" und „New!" sollten auf der Verpackung darauf aufmerksam machen, dass die Discs nun verbessert wurden.

Wenn dein Spiel dich beleidigt

MindQuiz: Your Brain Coach war 2007 ein Versuch von Ubisoft auf dem damals populären Markt für Denkspiele Fuß zu fassen. In England wurde das Spiel jedoch nach kurzer Zeit wieder vom Markt genommen, da in der Qualitätskontrolle ein beleidigender Ausdruck übersehen worden war: Spieler, die die Denkaufgaben mit nur einer geringen Punktzahl abschließen, werden im Spiel als „super spastic" *(dt. Ober-Spasti)* bezeichnet.

Mario Party 8 macht's nach

Auch *Mario Party 8* wurde in Großbritannien nach kurzer Zeit vom Markt genommen. Bei diesem Spiel wurde ebenfalls das kurze Wort „spastic" übersehen.

Bonus für Golfer: South Park

Die ersten Exemplare von *Tiger Woods 99 PGA Tour Golf* für die PlayStation enthielten unbeabsichtigt einen Clip aus der TV-Serie South Park. Ein unbekannter Mitarbeiter von EA Sports hatte sich das Video aus dem Netz heruntergeladen und in seinem Projektordner abgelegt. Beim Pressen des Spiels wurden alle Dateien aus dem Projektordner – und damit auch der South Park-Clip – auf die CD gepresst. Als Spieler den Clip entdeckten und dachten, es handele sich dabei um ein Easter-Egg, ließ EA Sports das Spiel zurückrufen und veröffentlichte neue Versionen ohne den Clip.

Apple-Videospielkonsole

1995 wagte Apple sich mit einer eigenen Konsole auf den Videospiel-Markt. Die Konsole Pippin wurde von Apple entwickelt und von Bandai unter dem Namen „Atmark" vermarktet.

Mit weniger als 50.000 verkauften Einheiten gilt die Konsole als großer Flop.

Mario Party-Aua

Wie sich zahlreiche Spieler an Mario Party verletzten

Käufer von *Mario Party* erhielten von Nintendo ein Paar Handschuhe zum Kauf dazu. Der Grund? Bei einigen Minispielen sollten die Spieler den Analog-Stick des Nintendo 64-Controllers möglichst schnell im Kreis drehen. Pfiffige Spieler kamen dabei auf die Idee – statt mit dem Daumen – den Analog-Stick mit der Handinnenseite zu bewegen, da dies schneller ging und für mehr Gripp sorgte.

Jedoch hatte diese exzessive Steuerungsart zur Folge, dass einige Spieler Brandblasen und Wunden an der Handinnenseite erlitten. Mit den Handschuhen wollte Nintendo sicherstellen, dass es nicht mehr zu Verletzungen kam. Nintendo betonte noch einmal, nur den Daumen für die Steuerung

des Analog-Sticks zu nutzen. Viele Spieler hielt dies aber nicht davon ab, Nintendo aufgrund ihrer Verletzungen zu verklagen.

Für die darauffolgenden Spiele der *Mario Party*-Reihe verzichtete Nintendo bei Minispielen für lange Zeit darauf, möglichst schnell den Analog-Stick drehen zu müssen. Erst seit *Mario Party: Island Tour* kommt diese Steuerungsart wieder zum Einsatz; statt des Analog-Sticks muss allerdings das Schiebepad des Nintendo 3DS bewegt werden.

Übrigens: Um den Vorfall nicht zu wiederholen, verzichtete Nintendo auf eine Veröffentlichung von *Mario Party* auf der Virtual Console.

Ein „Scheiß-"Spiel

In der deutschen Version des SNES-Titels *Champion World Class Soccer* hat sich ein denkbar ungünstiger Buchstabendreher eingeschlichen. Statt zum „Schießen" wird der Spieler zum „Scheißen" aufgefordert.

» Das offizielle Artwork von Lola Del Rio für *GTA IV* zeigt die Figur mit sechs statt fünf Fingern an einer Hand.

» 90.000 Exemplare von *Resident Evil: Revelations* wurden mit dem Schreibfehler „Revelaitons" auf dem Verpackungsrücken ausgeliefert.

Gratis-Werbung unerwünscht

Normalerweise sollten sich Firmen über Werbung in einem Spiel freuen. Nicht jedoch das Tabak-Unternehmen Philip Morris. 1990 verklagte das Unternehmen Sega, Namco und Atari, weil sie in den Spielen *Final Lap* und

Super Monaco GP Werbeschilder mit dem Marlboro-Aufdruck verwendet hatten.

Warum man Fehler nicht beseitigen sollte

Das Remake *The Legend of Zelda: Ocarina of Time 3D* für den Nintendo 3DS enthält die gleichen Bugs, wie das Original aus dem Jahr 1998 für das Nintendo 64. Laut Nintendo sei dies absichtlich beibehalten worden, um eine möglichst ähnliche Spielerfahrung wie beim Original zu bieten.

Ohne Kickstarter zum Erfolg

Das erfolgreiche Indie-Spiel *Five Nights at Freddy's* sollte über Kickstarter finanziert werden. Der Entwickler konnte jedoch nicht einen Penny über die Crowdfunding-Kampagne einsammeln.

Der Bonus, der nicht ist

Für die US-Version von *Resident Evil Director's Cut* versprach Publisher Capcom eine unzensierte Version der Filmsequenzen. Tatsächlich unterscheidet sich die Sequenz im Vergleich zum Original gar nicht. Capcom entschuldigte sich und gab an, es sei ein Fehler der Entwickler bei der Lokalisierung gewesen.

Scheitern mit Ansage Teil 2

Aufgrund eines Buchhaltungsfehler verkaufte Atari das Automaten-Rennspiel *Gran Trak 10* unter Wert. Es kostete rund 1.100 Dollar die Automaten herzustellen. Verkauft wurden sie von Atari aber für knapp 1.000 Dollar. Atari kam der Fehler teuer zu stehen, da *Gran Trak 10* das meistverkaufte Spiel im Jahr 1974 von Atari war.

Gran Trak 10 gilt übrigens als das erste Rennspiel in der Geschichte der Videospiele.

Online-Cheats 2004

Im zweiten Teil von *Halo* konnte man im Online-Multiplayer schummeln, indem man sein Modem während der Schlacht auf Standby schaltete: Alle anderen Spieler konnten ihren Charakter nicht mehr bewegen, man selbst aber konnte seine Figur noch steuern und mit diesem Vorteil die Mission abschließen.

Sonic attackiert Brüste

Für das Mobile-Spiel *Sonic Runners* wurde 2015 ein Halloween-Level veröffentlicht. Anstatt die Gegner in der englischen Version „Boo" *(dt. Geist)* zu nennen, hatte sich ein Tippfehler eingeschlichen und sie wurden „Boob" *(dt. Busen)* genannt.

Nackte Tatsachen

In der PC-Version von *Halo 2* war das Bild eines echten nackten Hinterns zu sehen. Ein Entwickler baute das Bild so in eine Fehlermeldung ein, dass seine Entwickler-kollegen es nicht zu Gesicht bekamen. Das Bild fiel während der Qualitätssicherung nicht weiter auf und das Spiel kam so in den Handel. Bei einigen Spielern trat ein Fehler auf und die besagte Fehlermeldung – inklusive Bild – kam zum Vorschein.

Die amerikanische Alterseinstufungsbehörde ESRB sah sich gezwungen, das Spiel rückwirkend mit dem Hinweis „teilweise Nacktheit" auszuzeichnen. Microsoft kündigte daraufhin dem Entwickler, der das Bild eingebaut hatte.

short facts

» DirectX wurde von Microsoft entwickelt, da die PC-Version von *Der König der Löwen* nicht unter Windows lief.

» Durch einen Systemcrash verloren die Entwickler alle Daten des Spiels *Populous* und waren gezwungen, die Entwicklung von Neuem zu beginnen.

Wenn ein Patch nicht auslangt

Kurz vor dem Launch des ersten Teils von *LittleBigPlanet* musste die Veröffentlichung verschoben und bereits produzierte Discs verschrottet werden. Die Entwickler hatten ein arabisches Lied mit Koranversen eingebaut, ohne deren Bedeutung gekannt zu haben. Eine Zeile lautete übersetzt: „Jede Seele wird den Tod kosten."

Batman jagt die Fehler

Batman: Arkham Knight wurde kurz nach der Veröffentlichung für den PC wieder vom Markt genommen. Das Spiel enthielt so viele Fehler, dass es kaum spielbar war. Nach fünf Monaten wurde eine verbesserte Version auf Steam zur Verfügung gestellt. Da allerdings immer noch zahlreiche Fehler auftraten, entschied sich Publisher Warner Bros., den geplagten Spielern den Kaufbetrag zu erstatten.

Armbrechen als Spiel

Das Automatenspiel *Arm Spirit* verfügte über einen Plastikarm, mit dem sich die Spieler im Armdrücken messen konnten. Nachdem sich drei Spieler dabei den Arm gebrochen hatten, entschied sich Hersteller Atlus alle Arm Spirit-Automaten vom Markt zu nehmen (insgesamt 150 Stück).

2011: Als die Wirtschaft kollabierte

In dem Free2Play-MMO *MapleStory* erlitt die Wirtschaft 2011 einen Totalschaden. Hacker schafften es, den Kurs der Ingame-Währung zu manipulieren und kauften quasi jegliches erdenkliche Item ein. Da von der Währungsschwankung alle Spieler profitierten, sah sich der Publisher Nexon EU gezwungen, alle Geldbestände im Spiel zurückzusetzen.

» Einige Monate bevor *Halo 3* offiziell erschien, wurde eine fast finale Version im Netz geleakt. Microsoft reagierte, indem man alle Spieler der geleakten Version bis ins Jahr 9999 von Xbox live bannte.

» Ruft man bei der Telefonnummer an, die auf einem Schädlingsbekämpfungsplakat in *The Last Of Us* abgebildet ist, landet man bei einer Sex-Hotline.

Kapitel 4

Gastauftritte, Easter-Eggs & Geheimnisse

Wenn das eigentliche Spiel zur Nebensache wird

Frei nach dem Motto „kleine Aufmerksamkeiten erhalten die Spieler-Freundschaft" strotzen viele Games nur so von Geheimnissen, die entdeckt werden wollen.

Dass es sich nicht um reine Zufälle, sondern um Fan-Service pur vonseiten der Entwickler handelt, beweisen dir die schrägen Geschichten auf den nächsten Seiten.

Everybody's Darling

In dem PS3-Titel *Everybody's Golf: World Tour* ist Kratos aus der *God of War*-Reihe ein spielbarer Charakter. In bunter Optik und neben Charakteren mit Niedlichkeitsfaktor schwingt Kratos hier ganz lässig den Golfschläger anstatt die Chaos-Klingen.

Einmal Pizza mit Scheiße, bitte

In *Hitman 2: Silent Assassin* kann man einen mit einem spanischen Text beschrifteten Pizzakarton finden. Übersetzt man den Text, lautet dieser „Echte Pizza mit Scheiße".

Entertainmentprogramm für den Raketenwerfer

Hält man in *Rage* einen Raketenwerfer gezückt, bewegt sich aber für einige Minuten nicht, beginnt auf dem Monitor des Raketenwerfers ein Video aus *Doom* zu starten. *Rage* und *Doom* stammen vom selben Entwickler – id Software.

Assassinen können schwimmen

Der Grund, weshalb man in *Assassin's Creed II* die Möglichkeit hat zu schwimmen, während man es im ersten Teil noch nicht konnte, wird damit erklärt, dass es einen Bug im Animus-System gab, der das Schwimmen verhinderte.

Destiny awaits

Destiny wurde vom Entwicklerstudio Bungie bereits in *Halo 3: ODST* angeteasert. Knapp drei Jahre bevor Destiny erschien, konnte man in *Halo 3: ODST* auf einem Monitor den Hinweis „Destiny awaits" – abgebildet mit einer Weltkugel und einer Sphäre darüber – entdecken.

Top Secret für alle

GTA IV wurde selbst vor den Personen geheim gehalten, die dem Spiel ihre Stimme liehen. Entwickler Rockstar erzählte den Synchronsprechern, sie würden den Text für ein Spiel namens „Frozen" einsprechen.

Bauamt Bowser

In der PC-Version von *SimCity* (1989) kann es vorkommen, dass die Stadt von einer großen Echse zerstört wird. In der Umsetzung für das SNES (1992) ließen sich die Entwickler etwas Besonderes einfallen. Statt der Echse hat Bowser aus dem *Super Mario*-Universum einen Auftritt und macht die Stadt platt.

» Im Hintergrund des Tennisfelds von *Wii Sports* ist der Firmensitz von Nintendo Japan zu sehen.

» In *Pro Evolution Soccer 6* kann man auf Straußen oder Dinos Fußball spielen.

» Der Simpsons Erfinder Matt Groening hat im Mobile-Spiel *The Simpsons Springfield* einen Auftritt.

» Für *Minecraft* gibt es ein *Mass Effect*-Kostümpack, mit dem die Hauptcharaktere ins M*inecraft-Universum gebracht werden. Zud*em passen sich die Blöcke und Items an den *Mass Effect*-Look an.

» Die Entwickler von *NBA Jam* bauten einen Bonus ein, der bei einem knappen Match zwischen den Chicago Bulls und den Detroit Pistons letztere gewinnen ließ.

» Fliegt man in *GTA: San Andreas* auf die Golden Gate Bridge, findet man dort ein Schild mit dem Hinweis „Es gibt hier keine Easter-Eggs. Geh weg."

» Gibt man in *Uniracers* als Spielernamen „Sega" oder „Sonic" ein, erscheint der Hinweis „Not cool enough".

» In *Deus Ex: Human Revolution* kann man einige Plakate für Final Fantasy XXVII finden. Das Spiel selbst spielt im Jahre 2027.

» Es ist möglich *Dishonored* durchzuspielen, ohne eine einzige Person umbringen zu müssen.

» In *The Simpsons Game* gibt es eine Parodie auf die Medal of Honor-Reihe: In dem Level Medal of Homer versuchen Bart und Homer gestohlene Bilder von einem Kriegsschiff zurückzuerobern.

» In *Forza Motorsport 6* konnte man mit dem Ford GT bereits über die virtuelle Piste rasen, bevor das Auto regulär im Handel erschienen ist.

» Die Nummernschilder in *Dead Island* haben die Aufschrift „D34D 1574ND", was man als „Dead Island" decodieren kann.

Zusatzverdienst

Extra-Content wird
zum Kündigungsgrund

Der Designer Jacques Servin baute ohne Wissen seiner Kollegen in den Flugsimulator *SimCopter* eine Animation zweier sich küssender Männer – die nur in Badehose gekleidet sind – ein.

Als viele Spieler die Animation während des Spieles zu Gesicht bekamen und das unautorisierte Hinzufügen von Inhalt ans Tageslicht kam, wurde Jacques Servin gefeuert.

Monate später gestand die Aktivistengruppe „RTMark", dass sie dem Designer 5.000 Dollar für die Integration der Animation gegeben hatte.

Pizza-Transaction

In der amerikanischen Version von *EverQuest II* kann man sich eine echte Pizza liefern lassen. Gibt man im Menü „/pizza" ein, gelangt man auf eine Bestellseite von Pizza Hut. Die Kosten für die Bestellung sind natürlich nicht im Kaufpreis des Spiels enthalten.

Zombies mögen Brot

In *Dying Light* kann man eine Bäckerei mit dem Namen „Left4Bread" finden – eine Anspielung auf den Zombie-Shooter *Left 4 Dead* von Valve.

Ein weiteres Easter-Egg in *Dying Light* stellt eine grüne Röhre dar. Betritt man die Röhre, gelangt man zu einem Abschnitt, der dem ersten Level aus *Super Mario Bros.* in der Ego-Perspektive nachempfunden ist.

Doktor auf Abwegen

In *The Legend of Zelda: Link's Awakening* für den Game Boy taucht die Spielfigur Dr. Wright auf. Dr. Wright stammt aus der *SimCity*-Reihe und ist nach deren Schöpfer Will Wright benannt. In den Zelda-Spielen *The Minish Cap* und *Oracle of Seasons* taucht ein fast identischer Charakter mit dem Namen Dr. Left auf.

Einhörner im Weltall

In *Alien: Isolation* haben die Entwickler an einigen Stellen im Spiel Origamis in Form von Einhörnern platziert. Die Einhörner sollen eine Referenz zu dem Film „Blade Runner" sein, bei dem Ridley Scott Regie geführt hat. Ridley Scott war auch Regisseur des ersten Alien-Films.

Spiel empfiehlt: „Geh an die frische Luft!"

In The Lost World - Jurassic Park gibt es ein geheimes Ende: Hat man alle DNA-Elemente eingesammelt, wird man zum Schluss mit einer Videonachricht von Ian Malcolm – dem Helden des Films und Spiels – überrascht.
Dieser bedankt sich für das Spielen und erzählt, man solle die Konsole nun ausschalten und das echte Leben da draußen genießen.

Link im Superhelden-Universum

In *Marvel Ultimate Alliance* bauten die Entwickler auch Link aus *The Legend of Zelda* und Samus Aran aus der *Metroid*-Serie als spielbare Helden ein. Die Entwickler wollten damit Nintendo überzeugen, die beiden bekannten Charaktere exklusiv für die Wii-Version verwenden zu dürfen. Nintendo lehnte eine solche Kooperation jedoch ab.

Spiderman, der Badboy

Spiderman tritt als Bösewicht in *The Revenge of Shinobi* auf dem Sega Mega Drive auf. Ursprünglich waren auch Batman und Godzilla im Spiel enthalten. Sega musste die Charaktere jedoch entfernen, da man nicht über die Lizenzen verfügte.

Laola für Pyramid Head

Pyramid Head ist eigentlich ein furchteinflößender, blutbefleckter Charakter aus *Silent Hill*. In der Fun-Spiel-sammlung *New International Track & Field* tritt er jedoch als sportlicher Athlet im Comic-Look auf, den der Nutzer spielen kann. Bei einem gewonnenen Spiel streckt Pyra-mid Head euphorisch die Hand in die Luft und klopft sich selbst auf den Hintern.

Hyrule Runner

In *Sonic Lost World* flitzt Sonic in grünem Gewand samt Mütze über die Felder in Hyrule aus *The Legend of Zelda*. Das Level ist als kostenloses Download-Paket verfüg-bar. Anstatt der üblichen Ringe sammelt Sonic diesmal stilgetreu Rubine ein. Zudem begegnet Sonic im Spiel auch Link.

» Tötet man in *Metal Gear Solid 2* zu viele Möwen, erlaubt der Charakter Rosemary dem Spieler erst wieder zu speichern, wenn man sich bei ihr entschuldigt hat.

» In *Final Fantasy I* findet sich ein Grab mit der Aufschrift „Hier ruht Link" – eine Anspielung auf die Hauptfigur der *Legend of Zelda*-Reihe.

» Spielt man einen Satz, den der Endgegner in *Diablo* sagt, rückwärts ab, lautet dieser übersetzt: „Iss dein Gemüse und putz dir nach jedem Essen die Zähne."

» Entwickler Hideo Kojima tritt in *Metal Gear Solid 4: Guns of the Patriots* als „Stimme von Gott" auf.

» Fast alle *Silent Hill*-Spiele besitzen eine geheime Abspannszene, bei der ein Ufo auftaucht.

» Nennt man in *Minecraft* eine Kreatur „Dinnerbone" oder „Grumm", wird die Figur auf den Kopf gestellt – mit den Beinen zum Himmel.

Rock on

The Beatles: Rock Band enthält einige bis damals unveröffentlichte Aufnahmen der Band. Unter anderem hört man die Mitglieder miteinander sprechen, bevor ein Song startet.

Guybrush Unleashed

In *Star Wars: The Force Unleashed* gibt es einen Raum mit einer Statue von Guybrush Threepwood, dem Protagonisten aus *Monkey Island*. Zerstört man drei danebenstehende Automaten, erhält man ein Kostüm, das den Spieler in Guybrush verwandelt.

Vom Trommelfell ins Auge

In der iOS-Version von *Space Invaders* ist es möglich, mit Hilfe von Songs individuelle Levels zu gestalten. Hierzu wird ein Song aus der iTunes-Bibliothek ausgewählt, das Spiel generiert automatisch dazu passend einen Level.

Geistererscheinung

In der deutschen Bedienungsanleitung zu *Donkey Kong Country 2* ist das Artwork eines Geister-Krokodils im

Piratenzwirn mit dem Namen Mr. X zu sehen. Im Spiel taucht der Charakter jedoch gar nicht auf.

Lieber zocken als schreiben

Der Schöpfer der Game of Thrones-Saga George R. R. Martin kann als Charakter im gleichnamigen Spiel gefunden werden. Spricht man ihn an, erzählt er, dass er gerade dabei ist, eine Serie von Büchern über die moderne Geschichte von Westeros zu schreiben.

Zugabe der Entwickler

In *Donkey Kong 64* kann man das Minispiel Jetpac freischalten. Jetpac ist das erste Spiel, das vom Entwicklerstudio Rare – damals noch unter dem Namen Ultimate Play The Game – erschaffen wurde.

Entwicklerliebe

In der englischen Version von *Assassin's Creed Brotherhood* gibt es ein Achievement mit dem Namen „Principessa in Another Castello". Es ist eine Anspielung auf Super Mario Bros., in dem Toad oftmals sagt „Thank you Mario! But our princess is in another castle".

Zeldas Kunstgeschmack

Schaut man in *The Legend of Zelda: Ocarina of Time* nach dem Gespräch mit Zelda durch das Fenster in das Schloss, kann man drei Gemälde mit Mario, Luigi und Bowser sehen.

» In *Mortal Kombat: Armageddon* versteckt sich ein Racing-Minispiel. Der Name des Minispiels: *Motor Kombat*.

» In dem Boxspiel *Ready 2 Rumble Boxing: Round 2* kann man Michael Jackson und Bill Clinton als Charaktere freischalten, um sie zu vermöbeln.

» Eins von 200 Schafen in *Minecraft* bringt rosa Wolle hervor.

» Vorbesteller von *Saint's Row IV* erhielten als Dankeschön Kostüme, mit denen sie als Obama, Bush und Lincoln spielen können.

» Jede Uhr in *Fallout 3* zeigt die Uhrzeit 9:48 an.

Das erste Easter-Egg

Das erste, bekanntere Easter-Egg wurde 1978 von Warren Robinett geschaffen. In dem Spiel *Adventure* versteckte er seine Initialen in einem geheimen Raum. Er wollte damit ein Zeichen setzen, dass Programmierer nicht die Aufmerksamkeit bekommen würden, die sie eigentlich verdient hätten.

Alte Ideen werden Realität

Die Xbox 360-Umsetzung von *Banjo-Kazooie* und *Banjo-Tooie* enthält ein Feature, das die Entwickler bereits für das Nintendo 64 planten. Besitzt ein Spieler beide Spiele, so werden Bonusinhalte freigeschaltet.

In der Nintendo 64-Version sollte dies geschehen, indem der Spieler erst das *Banjo-Kazooie*-Modul und anschließend das *Banjo-Tooie*-Modul in den Modulschacht einschob. Das Feature musste jedoch gestrichen werden, da Nintendo zwischenzeitlich eine technisch veränderte Version des Nintendo 64 auf den Markt gebracht hatte, bei der dieser Modulaustausch vom Spiel nicht erkannt worden wäre.

In den Xbox 360-Versionen konnten die Entwickler ihre Idee umsetzen, da beide Spiele auf der Festplatte der Konsole gespeichert waren.

Warum liegt hier eigentlich Stroh?

In *The Witcher 2* kann man einen Assassinen finden, der nach einem missglückten Sturz in einem Strohballen auf dem Boden liegt und eine frappierende Ähnlichkeit zu Altaïr aus *Assassin's Creed* aufweist. *The Witcher 2* hat den Untertitel *Assassins of Kings*.

short facts

» In *Call of Duty: Black Ops 2* kann im Kampagnenmodus Thors Hammer gefunden werden.

» Auf die Notizbücher, die die College-Studenten in *GTA III* herumtragen, sind Penisse gemalt.

» Hält man die Karte der *GTA V*-Collector's Edition unter UV-Licht, kann man eingezeichnete Ufo-Standorte erkennen.

» Eine Holznachbildung des Transfomers Optimus Prime kann in *Assassin's Creed* entdeckt werden.

» Ein Stück Käse ist in jedem Level von
   GoldenEye versteckt.

» In *GTA: San Andreas* kann man in einem
   Shop Actionfiguren entdecken, die den
   Charakteren aus *GTA: Vice City* nach-
   empfunden sind.

» Das Masterschwert aus *The Legend of Zelda*
   lässt sich in *Infamous: Second Son* finden.

» In dem Rail-Shooter *Silent Scope* kann man
   seine Zielfähigkeit trainieren, indem man
   Frauen beim Sonnenbaden zusieht.

» In *Bioshock* kann in einer verschmutzten
   Toilette eine Kartoffel gefunden werden.
   Isst man sie, erhält man Gesundheitspunkte.

» *Killer Instinct* war das erste Spiel, zu dem
   ein Soundtrack auf CD erschien.

» Zwei versteckte Räume mit den Namen
   „Development Hell" und „Quality Well"
   können in *Diablo III* entdeckt werden.
   Die Monster in diesen Räumen tragen
   die Namen des Entwicklerteams.

Ihr Feind unter dieser Nummer

In *Infamous: Second Son* ist auf vielen Plakaten eine Telefonnummer abgebildet. Ruft man diese im „echten" Leben an, hört man eine aufgezeichnete Nachricht des Anti-Protagonisten des Spiels.

Obama dribbelt

In *NBA Jam* können Sarah Palin, Barack Obama und Hillary Clinton als Charaktere freigeschaltet werden. Mit ihnen kann das Match „Demokraten gegen Republikaner" ausgetragen werden.

short facts

» In *Scribblenauts* kann man Gegenstände in das Spiel einfügen, indem man ein Wort eintippt. Gibt man den Begriff „deine Mutter" ein, erscheint ein Zombie.

» In *GTA V* kann man in der Wüste einen Wohnwagen finden. Er ist dem Modell aus der Serie „Breaking Bad" nachempfunden.

Half-Life 3-Ankündigung

In *Mad Max* finden sich die Überreste von Gordon Freeman. Daneben steht eine Box mit einer roten Drei darauf – eine Anspielung auf den dritten Teil von *Half-Life*, auf dessen Ankündigung viele Fans sehnsüchtig warten.

Kapitel 5

Zensur & Verbote

The first cut is the deepest

Ist ein Spiel fertig, geht's erstmal in den Operationssaal: Hier eine Gewaltszene mit dem Skalpell herausgeschnitten, da das Blut großzügig mit einem Tupfer aus dem Level entfernt und im Intimbereich gerne einmal mit der Schere vorbeigeschaut. Um in den Ladenregalen zu erscheinen, müssen Publisher ihre Spiele manchmal einer Zensur unterziehen. Dass abseits von Blut und Hakenkreuzen weit mehr an Spielen herumgeschnippelt wird und dies zu kuriosen Geschichten führen kann, erfährst du in diesem Kapitel.

Nackt auf dem Rad

Das Extremsport-Spiel *BMX XXX* ist das einzige BMX-Spiel, welches zensiert wurde. Viele Fahrer(innen) sind nur sehr sparsam bekleidet, weshalb die zu freizügigen Körperstellen in der PlayStation 2-Version für den US-amerikanischen Markt mit einem schwarzen Balken verdeckt wurden. Ausgerechnet für den GameCube, der das Image einer Familien-Konsole hat, fand diese Zensur nicht statt.

Kaffeepause

In der japanischen Version von *Final Fantasy VI* gibt es in einigen Städten Pubs zu finden. In den Versionen für den westlichen Markt wurden die Pubs gegen Cafés ersetzt, um keine Assoziationen mit Alkohol zu erzeugen.

Verbrechen: Videospiele gezockt

2002 machte man sich in Griechenland strafbar, wenn man Videospiele in der Öffentlichkeit spielte. Mit einem Gesetz wollte die griechische Regierung damals Glücksspiele verbieten, das Verbot bezog sich jedoch auf Videospiele im Allgemeinen. Selbst Internetcafé-Betreiber waren dazu angehalten, die Kunden zu kontrollieren, damit diese während ihrer Surfrunde keine Spiele zockten. Das Gesetz wurde nach kurzer Zeit wieder außer Kraft gesetzt, da es als verfassungswidrig galt.

Entjungferung beim Singen

Im Song „I Kissed a Girl" von Katy Perry wurde in *Just Dance 2014* das Wort „Cherry" zensiert. Eine öffentliche Begründung wurde von Publisher Ubisoft nie genannt, man geht aber davon aus, dass man damit eine Verbindung zum englischen Ausdruck „popping someone's cherry" *(dt. jemanden entjungfern)* vermeiden wollte.

short facts

» In der japanischen Version von *Dying Light* wurde die Farbe des Blutes von Rot in Grün ausgetauscht.

» China verbot den Verkauf des Spiels *Football Manager 2005*, da im Spiel Tibet als unabhängiger Staat gelistet ist.

» *EverQuest* wurde neun Jahre nach seiner Veröffentlichung in Brasilien verboten. Als Begründung für das Verbot wurde die Staatssicherheit angeführt.

» In der westlichen Version von *Castlevania* sind alle Kruzifixe entfernt worden.

Zu jung für den Fummel

Der Charakter Lyn in *Xenoblade Chronicles* ist in der japanischen Version 13 Jahre alt. Da Lyn in einigen Szenen recht freizügig daherkommt und unter anderem nur im Bikini gezeigt wird, entschied man sich beim westlichen Release das Outfit des Charakters mit mehr Stoff auszustatten.

Werbung ja, Konkurrenz nein

FIFA 2001 war der erste Teil der Reihe, bei dem die Sponsoren auf den Trikots der Spieler genannt wurden. Nur bei den Spielern von Manchester City und Lyon verzichtete Publisher EA auf die Nennung der Sponsoren, da es sich mit Eidos und Infogrames um zwei Konkurrenten handelte.

Der Penis-Hummer

In *Ace Attorney: Phoenix Wright - Justice for All* für den Game Boy Advance sieht man in einem Buffet einen erigierten Penis. Eigentlich soll ein Hummer dargestellt werden, aber auch ohne einen Hauch Fantasie kann man darin einen Penis erkennen.

Im Remake für den Nintendo DS wurde die Grafik so überarbeitet, dass keine Verbindung mehr zu vertikalen Objekten hergestellt werden kann.

Wenn das Boxart doppelt zensiert wird

Das Boxart von *Left 4 Dead 2* wurde gleich in mehreren Ländern auf die unterschiedlichsten Arten zensiert. Auf dem Original-Boxart sieht man eine Hand von hinten, die den Zeige- und Mittelfinger ausstreckt. Die anderen Finger sind nicht mehr vorhanden. In der US-amerikanischen Version mussten der kleine Finger und der Ringfinger wieder hinzugefügt werden, da das Bild sonst nicht jugendfrei gewesen wäre.

In der englischen Version wird statt der Handaußenseite die Handinnenseite gezeigt, sodass das Cover das Victory-Zeichen darstellt.

Ob's an der schauspielerischen Leistung lag?

Im ersten Teil von *Resident Evil* wird die Story anhand kleiner Filme mit echten Schauspielern erzählt. In den späteren Remakes des ersten Teils wurden diese Szenen gegen Animationen ausgetauscht.

Komplettverbot aufgrund eines Add-Ons

Battlefield 4 ist in China verboten. Der Download-Pack *China Rising* wird von der chinesischen Regierung als kulturelle Invasion angesehen, da er von einem Krieg zwischen den USA und China im Jahr 2020 handelt.

Kein Alkohol für Mario

Wie Nintendo die Welt des Klempners kindergerecht zensierte

In der japanischen Version von *Super Mario Kart* trinken Bowser und Prinzessin Peach Champagner, wenn sie an erster Stelle auf dem Podium stehen. In der US-Version jubeln die beiden jedoch nur mit der Flasche, ohne sich einen Schluck zu genehmigen, da Nintendo keinen aktiven Alkoholkonsum mehr zeigen wollte.

Es blieb nicht bei dieser einen Zensur im *Mario Kart*-Universum: Im Nintendo 64-Ableger sind in der japanischen Version an den Streckenabschnitten Werbetafeln angebracht, die Anspielungen auf tatsächliche Marken darstellen sollen. So gibt es zum Beispiel Tafeln mit der Aufschrift „Marioro", die an Marlboro erinnern, oder Tafeln, die mit der Bezeichnung „Luigip" einen Bezug zum Energiekonzern Agip herstellen.

Für den Release im Westen wurden diese Anspielungen komplett gestrichen. Stattdessen finden sich auf den Tafeln nur Ausdrücke wie „Mario" oder „Yoshi", die auch in ihrer Gestaltung keinerlei Bezug zu anderen Marken aufweisen.

Was passiert, wenn man zu gut ist

Steve Wozniak (Mitgründer von Apple) reichte seine Tetris-Highscores beim US-amerikanischen Magazin „Nintendo Power" ein. Da er zwischenzeitlich so oft in der Highscore-Liste des Magazins auftauchte, entschieden die Redakteure, seine Highscores nicht mehr abzudrucken. Wozniak reichte daraufhin seine weiteren Punktestände unter dem Pseudonym „Evets Kainzow" – sein Name rückwärts geschrieben – ein und wurde wieder im Magazin abgedruckt.

Sony-Mitarbeiter müssen draußen bleiben

Shuhei Yoshida, Präsident der Sony Computer Entertainment Worldwide Studios, wurde zweimal aus dem *Miiverse* von Nintendo verbannt. Das Vergehen? Einmal postete er den Link zu seinem Twitter-Account. Der zweite Bann erfolgte, weil er den Satz „Ich liebe PS" veröffentlichte.

No More Fans

In der Wii-Version von *No More Heroes* kan man ein Nintendo 64 im Regal des Hauptdarstellers entdecken. In der Version für die andere Plattformen wurde die Nintendo 64-Konsole jedoch gegen ein Sega Mega Drive ausgetauscht.

Banana-Song

Die Musik des ersten *Castlevania*-Spiels wurde von Kinuyo Yamashita komponiert. Da in der Abspannszene nur englische Namen verwendet wurden, wurde die Komponistin bei der Westveröffentlichung in „James Banana" umbenannt.

Robbenschlacht

In *Ice Climber* für das NES müssen die Spieler Gegner besiegen, indem sie mit einem Hammer auf sie einschlagen. Die Gegner waren zunächst Robben, die allerdings in der US-Version gegen Yetis ausgetauscht wurden. Man wollte so eine Verbindung zum Thema Robbenjagd vermeiden.

Auch kein Alkohol mehr für Wario

In *Wario Land 2* wird Wario in der japanischen Version von manchem Gegner mit vollen Biergläsern beworfen, woraufhin er betrunken umherstrauchelt und erst wieder nüchtern wird, wenn er mit Wasser in Berührung kommt. Zur Veröffentlichung im Westen wurde das Bierglas gegen eine Bowling-Kugel ausgetauscht, um keinen Alkoholkonsum darzustellen.

» In Südkorea ist es für unter 16-Jährige verboten, nach Mitternacht Videospiele zu spielen.

» Microsoft verbannte den Spieler „Richard-Gaywood" aufgrund seines Nachnamens von Xbox live, obwohl es sich um den echten Namen des Spielers handelte.

» *Pokémon*-Videospiele und -Sammelkarten sind in Saudi-Arabien verboten mit der Begründung, dass *Pokémon* sich religiöser Symbole bediene.

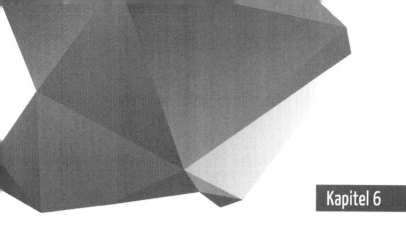

Kapitel 6

Fanliebe & neue Horizonte

Raus aus dem Bildschirm, rein in die Realität: Spiele gehen neue Wege

Ob Sammler, Cosplayer oder Modder: Videospiele können mehr als nur ein Hobby sein. Vom einstigen Nerd-Image sind Spiele nun im Mainstream angekommen und werden in unterschiedlichen Kanälen konsumiert und reflektiert.

Die skurrilen Auswirkungen und das Wechselspiel zwischen Publishern und Zockern erwarten dich jetzt.

FIFA 98 x Fans

Zehn Jahre nach Veröffentlichung erschien für *FIFA 98* ein von Fans erstelltes Add-On. Das Add-On-Paket enthält die damals aktuellen Mannschaftsdaten der Saison 2007/08 und trägt den Titel „Because It's Still the Best". *FIFA 98* gilt bei vielen Fans als Meilenstein in der Geschichte der Spielreihe.

Pong trifft auf Kakerlake

Zwei österreichische Studenten erschufen 2005 das Spiel *BioPong*, bei dem mit einer Kakerlake gespielt wird. Statt des Balls wird eine lebendige Kakerlake in die Spielmitte gesetzt. Zwei Spieler sitzen sich an einem Tisch gegenüber und steuern zwei physische Balken, mit denen die Kakerlake daran gehindert werden soll, hinter die eigene Ziellinie zu krabbeln.

Ich wähle dich, Twitch!

Auf dem Twitch-Kanal twitchplayspokemon können die User *Pokémon*-Spiele steuern, indem sie im Chat verschiedene Befehle posten, die von einem Emulator übersetzt und im Spiel ausgeführt werden. Um die *Rote Edition* von *Pokémon* durchzuspielen, brauchte die Community über 16 Tage. Mitunter schauten mehr als 50.000 User gleichzeitig zu.

Wissenschaft mit Humor

2008 entdeckten Wissenschaftler ein Protein, welches als Transmitter zwischen visuellen Informationen und Gehirn fungiert. Sie nannten das Protein Pikachurin – benannt nach dem *Pokémon* Pikachu.

Fallout auf Pornhub

Abgefilmtes Material von *Fallout 4*, das nicht für die breite Öffentlichkeit bestimmt war, wurde auf Pornhub geleakt. Das Video trägt den Namen „Hidden Camera shows audience teased by big butt man in tights live".

short facts

» Für seinen Atari 2600 kreierte der ehemalige Microsoft Vizepräsident der Games Publishing-Sparte Ed Fries eine 2D-Umsetzung von *Halo*.

» *Pokémon* war das erste Videospiel, das das Cover des amerikanischen Time Magazine zierte.

Gestohlen, verschoben

Wie die Entwicklung von Half-Life 2 in einem internationalen Krimi mündete

Vivendi Games kündigte drei Monate vor dem geplanten Release von *Half-Life 2* an, dass das Spiel nicht zum geplanten Zeitpunkt erscheinen werde, da der Quellcode gestohlen wurde und man das Spiel nun umschreiben wolle.

Nach weiteren Verschiebungen gab Vivendi Games zu, dass sie die Spielveröffentlichung auch unabhängig vom Diebstahl verschoben hätten.

Um den Täter zu schnappen, schaltete man das FBI ein. Die Ermittlungen ergaben, dass vermutlich ein Deutscher den Leak zu verantworten hatte.

Unter dem Vorwand ihm einen Job als Sicherheitsbeamter anzubieten, planten die Ermittler ihn in die USA zu locken. Nach Hinweisen an deutsche Behörden nahm ihn die Justiz jedoch hierzulande fest.

Veggie-Day

Nachdem sich die Aktivistengruppe PETA beschwert hatte, dass es in *Cooking Mama* nur Hauptspeisen mit Fleisch als Bestandteil zum Kochen gäbe, wurden in die weiteren Titel der Reihe auch vegetarische Rezepte eingebaut.

Träum was Schönes

Studien haben gezeigt, dass Spielen vor dem Zubettgehen zu einem erhöhten Auftreten von Klarträumen führt. Dabei handelt es sich um einen Traum, bei dem sich der Träumer bewusst ist, dass er gerade träumt.

Nintendo macht Twister in Japan bekannt

Bevor Nintendo in das Videospiel-Business investierte, vermarktete die Firma vor allem Spielzeug in Japan. Nintendo besaß in Japan unter anderem die Vertriebsrechte für das Bodenakrobatik-Spiel Twister.

Game spielen, Gold gewinnen

Das Text- und Grafik-Adventure *Pimana* belohnte seine Spieler mit einem echten Sachpreis: Im Spiel waren Hinweise zu einem Datum und einem Ort versteckt, an dem der Preis – in Form einer 6.000 Dollar teuren Golduhr – in der echten Welt gefunden werden konnte. Zwei Spieler lösten das Rätsel und fanden den Preis drei Jahre nach Erscheinen des Spiels nahe einer Kalkstatue im Süden Englands.

Call for Cards

Für *Call of Duty* plante der Brettspiel-Publisher Upper Deck eine Umsetzung als Kartenspiel. Das Spiel war bereits fertig gestaltet und einige Exemplare im Druck. Kurzfristig entschied sich der Publisher jedoch, das Spiel doch nicht zu veröffentlichen.

Pac-Man im Real Life

Am 1. April 2015 verwandelten sich die Straßen in Google Maps in riesige *Pac-Man*-Levels, die komplett bespielt werden konnten. Sogar die vier Geister streiften durch die Straße und jagten *Pac-Man*.

Bereits 2004 erschufen Studenten der New Yorker Universität ein *Pac-Man*-Spiel für Manhattan, das auf den echten Straßen gespielt werden konnte: Via Smartphone wurde eine Karte von Manhattan mit der Position von *Pac-Man* und den Geistern gezeigt. Bewegte sich ein Spieler durch die Straßen Manhattans, zog auch seine virtuelle Figur auf dem Smartphone nach.

» Bob Gale – Miterschaffer der „Zurück in die Zukunft"-Serie – empfahl den Fans das gleichnamige Spiel nicht zu kaufen, da es seiner Ansicht nach schlecht war.

» Der Engländer Dan Holmes war so vernarrt in seine Sony-Konsole, dass er 2002 seinen Nachnamen in „Mr. PlayStation 2" ändern ließ.

» *Amicraft* ist ein Fan-Projekt, das *Minecraft* in einer rudimentären Version auf Amiga-Systeme bringt.

» John Carmack – Mitgründer der Spieleschmiede id Software – verschenkte seinen eigenen Ferrari an den Gewinner des *Quake* Deathmatch-Turniers 1995.

Sicherheitscheck: Wii Balance-Board

Die amerikanische Homeland Security-Behörde experimentierte 2009 mit dem Wii Balance-Board: Es sollte dazu genutzt werden, um bei Kontrollen zu erkennen, ob Personen nervös oder ungeduldig sind.

Mortal on Stage

Von *Mortal Kombat* gab es 1995 in den USA eine Bühnen-show, die mit Tanz- und Showkampfeinlagen die Kämpfer aus dem Spiel darstellte. Im Gegensatz zu den gewalt-intensiven Spielen war die Bühnenshow auch für ein jüngeres Publikum geeignet.

Diablo und die süßen Einhörner

2009 protestierten 60.000 Spieler gegen den Artlook von *Diablo III*. Ihrer Meinung nach war der Look zu farbenfroh und freundlich und passte nicht in das Diablo-Universum. Blizzard reagierte, indem sie T-Shirts produzieren ließen, auf denen das *Diablo III*-Logo mit fröhlichen Einhörnern und einem Regenbogen abgebildet war.

T-Shirt-War

Über das Schicksal der Spielfigur Clay Carmine aus *Gears of War 3* ließen die Entwickler die Spieler entscheiden. Auf dem Xbox live Marketplace konnten zwei verschiedene T-Shirts für Avatare eingekauft werden. Ein T-Shirt hat-te die Aufschrift „Carmine must die", das andere „Save Carmine". Das virtuelle T-Shirt, das am häufigsten gekauft wurde, entschied über das Los von Carmine. Die Spieler meinten es offenbar gut mit ihr und ließen Clay Carmine am Leben.

Weinexperte

Square Enix brachte für den Nintendo DS einen Weinführer heraus. Die „Spieler" können mit der Software Informationen über Weine und Tipps zur passenden Weinauswahl erhalten.

Früh übt sich

Capcom veranstaltet regelmäßig Preisausschreiben, bei denen Kinder ihre Ideen für einen Boss in *Mega Man* einreichen können. In fast allen *Mega Man*-Spielen gibt es mindestens einen Boss, der auf der Gewinner-Idee des Preisausschreibens beruht.

Meine Stärken: Football Manager

Der Spieler John Boileau bewarb sich für den Posten als Coach des britischen Clubs Middlesbrough FC. Als Referenz gab er seine Erfolge in dem Simulationsspiel *Football Manager* an.

Der 21-jährige Vuga Heseynzade hatte die gleiche Idee und bewarb sich als Vereinsmanager beim aserbaidschanischen FC Baku. Referenz: *Football Manager*! Seine Bewerbung war erfolgreich. 2012 wurde Heseynzade Vereinsmanager des Erstligisten FC Baku. Etat des Clubs: 20 Millionen Euro.

» An der amerikanischen University of California gab es 2009 einen Kurs, der sich mit *StarCraft* beschäftigte. Der Kurs brachte den Studierenden Game-Theorien und den Aufbau des Spiels näher.

» Als Preis für eine Challenge in America's Next Top Model durfte die Gewinnerin die Animationsbewegungen des Charakters Elena in *Uncharted 3: Drake's Deception* aufnehmen.

» Der erste Mod für *Dark Souls* erschien 23 Minuten nachdem das Spiel offiziell veröffentlicht war.

» Das Foto auf dem Album-Cover „Silver & Gold" von Neil Young wurde mit einer Game Boy Camera geschossen.

» Master Chief war der erste Videospiel-Charakter, der eine Wachsfigur in Madame Tussauds erhielt.

» Der Roboter „Autonomous Rotorcraft Sniper System" des US-Militärs wird mit einem Xbox 360-Controller gesteuert.

Buzzern für gute Noten

Buzz!: The Schools Quiz war das erste Konsolenspiel, das in Zusammenarbeit mit der britischen Regierung entwickelt wurde. Es ist ausschließlich für den Einsatz in britischen Klassenzimmern gedacht.

Hier wird mit dem Hintern gesteuert

Rayman Raving Rabbids macht intensiven Gebrauch vom Wii Balance-Board. So ist es möglich, das Spiel mit seinem Hintern zu steuern, um damit auf dem Bildschirm eine Schneepiste herunterzufahren.

Fit mit Videospielen

An der US-amerikanischen Universität von Houston gibt es einen Fitnesskurs, bei dem nur Videospiele zum Einsatz kommen. Die Spieler trainieren mithilfe von *Wii Fit*, *EA Sports Active* und *Wii Sports Resort*.

Hartgeld

Ein Spieler sendete 2.240 echte Kronkorken an den Publisher Bethesda, in der Hoffnung dadurch ein Gratis-Exemplar von *Fallout 4* zu erhalten. Kronkorken sind die

Standardwährung in der *Fallout*-Reihe. Bethesda ließ sich tatsächlich auf den Deal ein und schickte dem Spieler am Release-Tag ein Exemplar des Spiels.

short facts

» Michael Jackson war ein großer Videospiel-Fan und -Sammler. Er besaß über 100 Arcade-Automaten.

» Die Armee von Nordkorea nutzt *StarCraft* als Übung für militärische Manöver.

» 2012 führte die spanische Polizei einen Einsatz unter dem Namen „Operation Pokémon" durch – frei nach dem Motto „catch 'em all".

Spiel trifft auf TV-Serie

Defiance ist das einzige Spiel, das Geschehnisse aus der gleichnamigen TV-Serie in Echtzeit in die Spielwelt überträgt. Wird in der TV-Serie zum Beispiel ein Angriff geplant, findet diese Aktion auch im Spiel statt.

» *Pac-Man* war 1982 die erste auf einem Video-spiel basierende animierte TV-Serie.

» Quentin Tarantino würde gerne über *Half-Life* einen Kinofilm drehen.

» Birds Land ist ein Freizeitpark, der auf *Angry Birds* basiert. Der Park wurde 2012 in Finnland eröffnet.

» Für den Louvre in Paris entwickelte Ninten-do eine Software für den Nintendo 3DS, die den Museumsbesucher mit weiteren Informationen über die Exponate versorgt.

The Ring Is Not a Lie

Der Engländer Gary Huston machte seiner Freundin einen Heiratsantrag in *Portal 2*. Hierfür entwickelte er ein Level, das seine Freundin durchspielen sollte und das sie am Ende in eine Kapelle mit der alles entscheidenden Frage brachte. Gary erhielt technische Hilfe von Valve, zudem sprach Ellen McLain – Stimme des Computers Glados – den Antrag ein.

Fisch trainiert Pokémon

Zwei amerikanische Studenten ließen einen Fisch *Pokémon* spielen. Dazu bauten sie einen Bewegungssensor, der, je nachdem an welcher Position sich der Fisch im Aquarium befand, den Steuerungsinput an das Spiel weitergab. Über fünf Millionen User schauten dem Fisch via Twitch beim „Spielen" zu.

Einwurfprobleme

Die Automatenspiele *Space Invaders* und *Pac-Man* waren in Japan so beliebt, dass es zu einer Knappheit der 100 Yen-Münzen kam.

Einige pfiffige Spieler stellten Münzimitate aus Sand oder gefrorenem Wasser her, da der Automat diese Fälschungen nicht von echten Münzen unterscheiden konnte.

Beste Grafik: Kopfkino

YouTuber Runnerguy2489 hat es geschafft, *The Legend of Zelda: Ocarina of Time* blind durchzuspielen. Dafür probte er die Levels so oft, dass er sich beim Blind-Spielen auf sein Gedächtnis und auf seine Ohren verlassen konnte. Er benötigte über 100 Stunden, bis er das Spiel geschafft hatte.

Mit Tetris ins All

Tetris für den Game Boy war das erste Videospiel, das im All gespielt wurde. Der russische Astronaut Alexander Serebrow nahm das Spiel 1993 bei seinem 196-tägigen Aufenthalt mit ins Weltall.

short facts

» Für das Sonic-Universum werden seit 23 Jahren regelmäßig Comics veröffentlicht.

» In den amerikanischen Anleitungen für Nintendo 3DS-Spiele wird dem Spieler empfohlen, Suchmaschinen zu nutzen, um an Tipps, Lösungen und Walkthroughs zu gelangen.

» Zwei Jahre hat *Final Fantasy*- und *LittleBig-Planet*-Fan Jamie Colliver investiert, um *Final Fantasy VII* komplett mit den Creation-Tools in *LittleBigPlanet* nachzubauen.

» In Japan gab es eine Radiostation, die nur Songs aus der *Final Fantasy*-Reihe spielte.

Beziehungsstatus: Es ist kompliziert

Der japanische Blogger Sal9000 heiratete im November 2009 Nene Anegasaki. Dies klingt nicht außergewöhnlich, jedoch handelte es sich bei Nene Anegasaki um eine virtuelle Figur aus dem Dating-Spiel *LovePlus*.

Schulmaterial: Nintendo DS

In Japan konnten Schüler mit dem Nintendo DS lernen. Dazu ließen sich bis zu 50 Konsolen mit einem PC verbinden, über den der Lehrer die Aufgaben verteilen und die Leistungen der Schüler bewerten konnte.

Kapitel 7

Lautes Gebrüll

Wenn Werbung selbst von sich reden macht

Schon Goethe stellte fest: „Die Welt urteilt nach dem Scheine." Um Aufmerksamkeit im hart umkämpften Videospielmarkt zu generieren, scheuen Publisher sich nicht vor skurrilen Aktionen. Längst reichen Fernsehspots, Printanzeigen und Online-Banner nicht mehr aus. Wer wirklich auffallen will, muss sich schon mehr einfallen lassen. Dass das Marketing dabei verrückte Formen annehmen kann, zeigt dir dieses Kapitel.

Werbung auf dem Grabstein

Für die Bewerbung des düsteren Action-Adventures *Shadow Man 2* für die PlayStation 2 hielt es der Publisher Acclaim Entertainment für eine gute Idee, Plakate auf Grabsteinen anzubringen.

Der Publisher bot Angehörigen von jüngst verstorbenen Menschen an, einen Teil der Bestattungskosten zu übernehmen, wenn im Gegenzug ein kleines Poster mit Werbung zu *Shadow Man 2* auf dem Grabstein angebracht würde. Letztlich wurde die Aktion vorzeitig abgebrochen, da es zu viele Negativschlagzeilen in der Presse gab.

Da liegt was in der Luft

FIFA 2001 wurde auf eine ganz besondere CD gepresst. Reibt man mit den Fingern über die bedruckte Oberfläche des Silberlings, nimmt man den Duft von frisch gemähtem Rasen wahr. Das Cover der deutschen Version zierte damals übrigens Lothar Matthäus.

THQ sieht rot

Mit einer Guerilla-Aktion wollte THQ 2011 für die anstehende Veröffentlichung von *Homefront* auf sich aufmerksam machen. Dazu ließ man 10.000 rote Ballons auf der Games Developer Conference in San Francisco frei.

Anstatt in den Himmel empor zu steigen, trieb der Wind viele Ballons jedoch in ein Hafenbecken.

Obwohl THQ versicherte, dass die Ballons biologisch abbaubar seien, forderten die Stadt San Francisco und Umweltschützer THQ auf, die Ballons sofort aus dem Wasser zu beseitigen. THQ musste daraufhin das Wasser von den Ballons befreien und 7.000 Dollar an die regionale Wasserkontrollbehörde zahlen.

short facts

» Spieler erhielten von Sony das Spiel *Bloodborne* geschenkt, wenn sie im Gegenzug eine Blutspende an die dänische Blutspende-Organisation abgaben.

» Zum Release von *Fear 2* an einem Freitag, den 13. ließ Publisher Warner Bros. Promoter mit schwarzen Katzen an der Leine durch London laufen.

» 1993 sponserte Sega in der Formel 1 den Großen Preis von Europa. Der Sieger Alain Prost erhielt einen Pokal, der Sonic darstellte.

Was passiert, wenn man Dinge verschenkt ...

Um die Marketing-Maschinerie für *Mercenaries 2: World in Flames* anzukurbeln, verschenkte EA Gratis-Tankfüllungen an einer Tankstelle in London. Als die Aktion sich unter den Autofahrern verbreitete, kam es zu langen Staus und einem Verkehrschaos, da viele Fahrer die Tankstelle mit dem Gratissprit anvisierten.

Da hätte man vorher drauf kommen können

Für eine Guerilla-Aktion in Neuseeland zu *Tom Clancy's Splinter Cell: Conviction* ließ Ubisoft einen Schauspieler als Agent verkleidet und mit Plastikpistole ausgestattet durch die Stadt Auckland touren. Als der Schauspieler eine Bar betrat, hielten die Anwesenden das Schauspiel für so echt, dass die Polizei alarmiert wurde und sie mit mehreren Streifenwagen ausrückte.

Menschenfleisch zu verkaufen

Zum Launch von *Resident Evil 6* eröffnete Capcom einen Pop Up-Store in London mit dem Namen „Wesker & Son Resident Evil Human Butchery". In dem Geschäft konnte man Fleisch kaufen, das täuschend echt nach menschlichen Extremitäten wie Hände, Füße und Köpfe aussah. Das Fleisch stammte jedoch von Schweinen und Rindern und wurde für den Schock-Effekt in menschliche Form gebracht.

Drachenkind

Zur Veröffentlichung von *Skyrim* bot Publisher Bethesda jungen Eltern lebenslangen kostenlosen Zugang zu allen Bethesda-Spielen an. Einzige Bedingung: Die Eltern mussten ihren Nachwuchs am 11.11.11 – dem Erscheinungstag des Spiels – bekommen und ihr Baby zudem „Dovahkiin", benannt nach dem Protagonisten des Spiels, nennen. Dovahkiin stammt aus der Sprache der Drachen und bedeutet so viel wie „Drachengeborener".

Es gab tatsächlich ein Elternpaar, das daraufhin ihrem Baby den amtlichen Namen Dovahkiin gab.

Rekrutierungsmaßnahmen

Die US Army produzierte ein Shooting-Game, um damit neue Soldaten zu rekrutieren. In einer Umfrage unter den Neurekrutierten gaben 4 Prozent an, dass das Spiel sie dazu bewegte, der Armee beizutreten.

Pikmin-Blume

Zum Verkaufsstart des GameCube-Spiels *Pikmin* brachte Nintendo mit der niederländischen Firma Syngenta Seeds eine Blume auf den Markt, die mit ihrer weißen Blüte und einem gelben Stempel den Pikmins aus dem Spiel entsprechen sollte.

Feiern will gelernt sein

Die Party, auf der man nicht gewesen ist

Zum Release von *God of War II* veranstaltete Sony eine „stilechte" Party, die es auf die Titelseiten einiger Boulevardblätter schaffte. So berichtete auch das offizielle PlayStation Magazin aus England, dass man Innereien aus einer geschlachteten Ziege angeboten bekam.

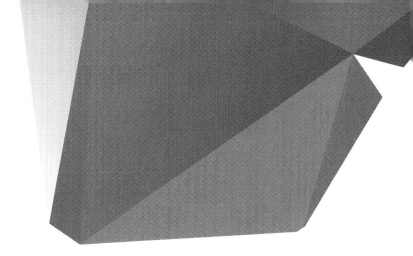

Sony erklärte später, dass die Ziege nicht während des Events geschlachtet, sondern schon tot angeliefert wurde. Anstelle von Innereien befand sich in dem toten Körper der Ziege ein Gefäß mit einer Fleischsuppe. Man achtete darauf, dass die Ziege selbst nicht von Journalisten berührt wurde, um sie später regulär weiterverarbeiten zu können.

Wie sich herausstellte, beruhte der Artikel im offiziellen PlayStation Magazin auf den Schlagzeilen der Boulevardblätter. Ein Journalist vom offiziellen PlayStation Magazin war auf dem Event gar nicht anwesend gewesen. Der Verlag musste daraufhin in allen Ausgaben die Berichterstattung über das Event entfernen.

Einmal Xbox im Menü zum Mitnehmen, bitte

In Hong Kong schmückte eine Fast Food-Kette ihre Filialen zum Launch der Xbox One komplett in grün. Auch die Speisen kamen in stilechten, grünen Verpackungen mit dem Xbox-Logo daher.

Ein brisantes Paket

Zum Launch von *Watch Dogs* schickte Ubisoft ein Paket an die ahnungslose australische Redaktion von MSN. Als diese das Paket öffnete, fand sie in ihm einen Tresor und die Anweisung, den Anrufbeantworter abzuhören. Es war jedoch keine Audionachricht auf dem Anrufbeantworter hinterlegt und auch Versuche, den Tresor manuell zu öffnen, scheiterten.

Langsam machte sich in der Redaktion Panik breit und die Polizei wurde eingeschaltet. Diese schaffte es, den Tresor gewaltsam zu öffnen. Darin enthalten: einige Merchandising-Artikel rund um *Watch Dogs*.

Stimmen Sie an der nächsten Kurve für Obama

Barack Obama war der erste Präsidentschaftskandidat, der Werbung in einem Videospiel schalten ließ. Zur U.S.-Wahl 2008 tauchte in *Burnout Paradise* in einigen Bundesstaaten Werbung für seine Kandidatur auf.

Autogrammstunde ohne Fans

Zur Veröffentlichung von *No More Heroes* gaben der Produzent Yasuhiro Wada und der Spielentwickler Goichi Suda eine Autogrammstunde und verschenkten Toilettenpapier im Look des Spiels. Die Autogrammstunde wurde bereits nach 20 Minuten wieder abgebrochen, da kaum Fans kamen.

Plastikmüll auf Island

Power Gig: Rise of the SixString ist ein Gitarrensimulator, der ein realistischeres Gefühl als *Guitar Hero* oder *Rock Band* vermitteln möchte. Der Entwickler Seven45 Studios ließ für eine Marketing-Aktion des Spiels ein Bündel aus hunderten Plastikgitarren von *Guitar Hero* in einen Vulkan in Island aus einem Flugzeug werfen. Weil der Vulkan jedoch inaktiv war, wurden Feuer- und Raucheffekte virtuell hinzugefügt. Da die Gitarren nicht verbrannt sind, liegen sie nun verstreut auf einem inaktiven Vulkanhügel.

Nintendo kann auch schlüpfrig

In den USA warb Nintendo mit einer Printanzeige, auf der ein Junge mit seinem Game Boy spielt, während gerade ein Nagetier in seine Hose schlüpft. Die Nachricht der Anzeige: „Game Boy. More fun than a ferret down your trousers" *(dt. Mehr Spaß, als ein Frettchen in deiner Hose).*

Seele gegen iPhone

Um Aufmerksamkeit für das Spiel *Dante's Inferno* zu generieren, fingierte EA zur Spielemesse E3 2009 einen Mob, der vor den Messehallen aus Glaubensgründen gegen das Spiel protestierte.

Kurz vor dem Launch setzte EA noch einen drauf: man verschickte an Journalisten einen Scheck im Wert eines iPhones, mit dem Hinweis, dass man beim Einlösen seine Seele an Dante's Inferno verkaufe.

Schuhe machen Igel

Der Schuhhersteller Soap kooperierte mit Sega für *Sonic Adventure 2*: Sonic trägt in diesem Spiel die Schuhe des Herstellers Soap. Als neues Gaming-Element wurde das Grinding eingeführt, mit dem Sonic über schmale Flächen rutschen kann. Auch die Schuhe von Soap können dank einer Plastiksohle für Grinds im echten Leben genutzt werden.

Hartes Business

Für das Sega Mega Drive veröffentlichte der Publisher 1990 eine Anzeige, die einen von einer Hand umklammerten Joystick zeigt mit dem Slogan „The more you play with, the harder it gets" *(dt. Je mehr du damit spielst, desto härter wird es)*.

Auf ein Käffchen mit Dark Souls

Für den Release von *Dark Souls II* kooperierte Publisher Bandai Namco mit einer Kaffeekette. Das Oz Café in Tokyo verwandelte sich für einige Wochen in einen stilechten Laden im *Dark Souls*-Gewand. In dunklen Räumen – geschmückt mit Kerzen, Ketten und Ritterrüstungen – konnten Besucher Speisen und Getränke genießen, die auf das *Dark Souls*-Universum Bezug nahmen.

short facts

» Die ersten 20 Kunden der britischen Spielkette Game konnten beim Release von *Donkey Kong Country Returns* das Spiel mit Bananen bezahlen.

» In Italien erhielten Vorbesteller von *Infamous: Second Son* bei GameStop zwei Energy-Drinks und ein nachtleuchtendes Kondom.

» Zum Mitternachts-Launch von *Halo 4* ließ Microsoft einen Helikopter mit einem 15 Meter großen und beleuchten Glyphen-Symbol über London fliegen.

Spielst du noch oder lebst du schon?

Für die *Sims 2* gibt es eine Erweiterung, welche IKEA-Möbelstücke in die virtuellen Wohnungen bringt. Die Erweiterung erschien regulär im Handel und ist kein Werbegeschenk von IKEA.

Spiel zum Menü

2006 verkaufte Burger King Videospiele in seinen Fastfood-Filialen. Für nur vier Dollar konnten Kunden unter anderem ein Rennspiel für die Xbox erwerben.

Der Ausflug von Burger King in das Videospiel-Business sollte jedoch noch weiter reichen: Mit *Sneak King* brachte Burger King ein eigenes Spiel über sein Fast Food-Universum auf den Markt. Die Aufgabe des Spielers: Als „The King" schleicht man durch die Levels und verteilt Burger an Passanten. Dabei darf man nicht entdeckt werden, schließlich will „der King" die Personen mit seinen Burgern überraschen.

Atom-Cola

Zum Launch von *Fallout 4* brachte der Publisher Bethesda die Nuke Cola Quantum in amerikanische Supermärkte. Es handelt sich hierbei um einen blauen Energiedrink, der auch im Spiel vorkommt.

Altersfreigabe zu niedrig

In der Regel sind die Publisher darauf bedacht für ihre Spiele eine möglichst niedrige Altersfreigabe zu erhalten, um so das Spiel einer möglichst breiten Zielgruppe anbieten zu können. 2005 bemängelte ein Publisher die USK für die Einstufung seines Erotik-Spiels ab 12 Jahren. Aus Sicht des Publishers müsse das Spiel ab 16 Jahren freigegeben werden, da sich eine Verpackung mit dem Siegel für eine so niedrige Freigabe kaum verkaufen würde.

Um die höhere Alterseinstufung schließlich zu erhalten, legte der Publisher dem Spiel noch eine Demo eines erwachseneren Titels bei.

Kirche vs. Sony

2007 wollte die Kirche von England Sony verklagen, da ein Schauplatz von *Resistance: Fall of Man* die Kathedrale von Manchester darstellt. In den Medien gab es kontroverse Diskussionen, ob solch eine historische Stätte in einem gewalthaltigen Spiel verwendet werden dürfe. Sogar der britische Premierminister schaltete sich in die Debatte ein und mahnte, dass Firmen verantwortungsvoller mit den Gefühlen anderer umgehen müssten.

Auch wenn es zu keiner gerichtlichen Auseinandersetzung kam, entschuldigte sich Sony bei der Kirche von England. Die mediale Berichterstattung zeigte für beide Parteien jedoch positive Nebenwirkungen: Sowohl die Verkaufszahlen von *Resistance: Fall of Man* als auch die Besucherzahlen der Kathedrale von Manchester stiegen an.

Sing or cry

Für die Vorstellung des Karaokespiels *Lips* für die Xbox 360 trat Pop-Sängerin Duffy auf die Bühne und performte ihren Titel „Mercy" mit *Lips*. Sie schaffte es nicht, einen perfekten Score zu erzielen.

» Ein Sushi-Restaurant in China bietet Kunden Rabatte an, basierend auf ihrem Rang in *League of Legends*.

» Die Werbung für den Game Boy micro in den USA zeigte den Handheld, wie er von einer Maus besprungen wird.

» Atari bewarb seine Konsole Jaguar mit der Aussage, dass es die erste Konsole mit 64-Bit-Technologie sei. In Wirklichkeit waren nur zwei 32-Bit-Chips verbaut.

» Sonic ist der erste Videospielheld, der eine Thanksgiving-Parade zierte. 1993 flog das Maskottchen von Sega als großer Ballon bei der New Yorker Parade mit.

Man will wissen, wofür man wirbt

Mike Tyson spielte das nach ihm benannte Box-Spiel *Mike Tyson's Punch-Out* zum ersten Mal 2013. Zu diesem Zeitpunkt war das Spiel bereits seit 26 Jahren auf dem Markt.

Sega vs. Nintendo

Zum Launch des SNES in Großbritannien 1992 startete Nintendo einen Mitternachtsverkauf in einer Mall in London. Sega stand damals mit der Konsole Mega Drive in Konkurrenz zu Nintendo und sabotierte die Aktion, indem sie mit einem Projektor eine große Silhouette von Sonic an die Fassade der Mall projizierten.

Das Millionen-Dollar-Spiel

Eine Million Dollar kostete die teuerste Vorbesteller-Edition eines Videospiels. Wer so viel Geld auf den Tisch legte, bekam neben dem eigentlichen Spiel *Saints Row IV* auch einen Weltraumflug, ein Training als Geheimagent, eine Schönheits-OP, ein Geiselbefreiungs-Event, sieben Nächte in der Top Royal Suite im Burj-al-arab und viele weitere Luxusgüter.

Gekauft hatte die Edition niemand. Publisher Deep Silver konnte sich jedoch über viele Berichte in der Presse freuen.

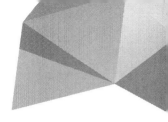

Kapitel 8

Zahlen, Erfolge & Rekorde

Videospiele bestehen aus mehr als nur Einsen und Nullen

Ob ein Spiel erfolgreich ist oder nicht, entscheiden nicht die Wertungen der Community, sondern (leider) die Verkaufszahlen. Immer höher, immer schneller, immer größer lautet die Devise in zahlreichen Spielen, um auch ja erfolgreich zu sein.

Dass mit Videospielen mittlerweile eine wahre Rekordjagd ausgebrochen ist und dass Verkaufszahlen zwar nicht lügen, dafür manchmal aber umso überraschender sein können, wirst du nun sehen.

Du errätst nie das erfolgreichste Star Wars-Spiel

Das meistverkaufte Star Wars-Game stammt aus dem LEGO-Universum. Laut vgchartz.com konnte *LEGO Star Wars: The Complete Saga* sich bis Dezember 2015 über 15,3 Millionen Mal verkaufen. Das Spiel erschien für Nintendo DS, Wii, Playstation 3 und Xbox 360. Spätere Umsetzungen für Android und iOS kommen zu den genannten Verkaufszahlen on Top.

Schwitzen mit Dance Dance Revolution

2005 wurde der Weltrekord für die heißeste Spielumgebung aufgestellt. Vor einer 1.200 Grad Celsius heißen Feuerwand tanzte die Aktionsgruppe Dance Dance Immolation zu einem Song aus *Dance Dance Revolution*. Die Rekordhalter trugen dabei natürlich feuerfeste Schutzkleidung. Zudem wurden der Bildschirm und das Tanzfeld massiv mit Metall ausgestattet, um auch diese Komponenten vor der Hitze zu schützen.

Kinect Adventures schlägt GTA

Das meistverkaufte Spiel für die Xbox 360 ist *Kinect Adventures* mit rund 24 Millionen Exemplaren. Auf Platz zwei landet GTA V mit rund 18 Millionen verkauften Einheiten. *Kinect Adventures* lag allerdings jedem Kinect-Sensor (auch im Konsolen-Bundle) bei.

Microsoft bringt Japan zum Ballern

Gears of War war das erste westliche Shooting-Spiel in Japan, welches schon in der Startwoche ausverkauft war. Das Shooting-Genre zählt zu den unpopulärsten Genres des Landes.

Chance verpasst

Battlefield 1942, der erste Teil der erfolgreichen Reihe, wurde vom Entwickler Dice zunächst exklusiv Nintendo für den GameCube angeboten. Nintendo lehnte ab, Dice konnte jedoch mit EA einen Publisher finden. Das Spiel erschien 2002 für den PC und verkaufte sich 2,4 Millionen Mal.

short facts

» Mehr als 125 Millionen Menschen haben bereits einen Titel der *Call of Duty*-Reihe gespielt.

» Das böse „F-Wort" wird in *Mafia II* 397 Mal verwendet.

Game of Auto

GTA: San Andreas ist mit fast 21 Millionen Exemplaren das meistverkaufte Spiel für die PlayStation 2. Bei der Play-Station 3 wird die Spitze ebenfalls von *GTA* angeführt. Hier konnte sich *GTA V* knapp 20 Millionen Mal absetzen.

Wie man sich irren kann

Das bekannte japanische Videospiel-Magazin Famitsu gab der ersten PlayStation in einem Test 19 von 40 Punkten. Die PlayStation wurde mit über 100 Millionen verkaufter Exemplare die erfolgreichste Konsole ihrer Zeit. Zum Vergleich: Die Konkurrenz-Konsole 3DO erhielt im glei-chen Test 26 von 40 Punkten, verkaufte sich aber nur knapp zwei Millionen Mal.

Zweischneidiges Schwert

The Legend of Zelda: Skyward Sword ist mit über 530.000 verkauften Einheiten in einer Startwoche das am schnells-ten verkaufte *Zelda*-Spiel in Nordamerika. Bei den Ge-samtverkaufszahlen der *The Legend of Zelda*-Serie belegt *Skyward Sword* mit knapp 3,7 Millionen verkaufter Spiele jedoch nur Platz 13.

Selbst *Link's Crossbow Training* konnte sich öfter verkau-fen als *Skyward Sword*.

Das erfolgreichste Tanzspiel

Obwohl *Dance Dance Revolution* bereits seit 1998 für Konsolen erhältlich ist, ist es nicht das erfolgreichste Tanzspiel. Mit über 50 Millionen verkaufter Exemplare ist die *Just Dance*-Serie die erfolgreichste Tanzspiel-Reihe. Das erste *Just Dance*-Spiel erschien 2008 für die Wii.

short facts

» *The Elder Scrolls V: Skyrim* war das erste Spiel von einem westlichen Entwickler, das von der Famitsu die perfekte Wertung von 40 Punkten erhielt.

» *Rayman* ist das meistverkaufte PlayStation-Spiel Großbritanniens.

Schatzmeister von EverQuest

2002 schätzte der Fernsehsender BBC das virtuelle Vermögen des damals populären MMORPGs *EverQuest* so hoch ein, dass es umgerechnet der 77. reichste Staat der Welt wäre.

E.T. – der Erfolgreiche

Oftmals wird berichtet, dass *E.T. der Außerirdische* für das Atari 2600 ein großer Flop war. Tatsächlich konnte sich das Spiel aber über 1,5 Millionen Mal verkaufen. Atari ließ in der ersten Produktionswelle bereits 2,5 Millionen Exemplare herstellen, weshalb eine Million Kopien vernichtet werden mussten. Dafür verfrachtete man die überflüssigen Spiele in eine Deponie in New Mexico und begrub sie mit anderen nicht verkauften Spielen im Erdreich.

Mit allen Mitteln gerüstet

Borderlands 2 ist Rekordhalter für die meisten Waffen in einem Spiel. Insgesamt 17.750.000 Waffen lassen sich durch Kombinieren unterschiedlicher Objekte erstellen.

Hehlerware Call of Duty

2011 ergaunerten Diebe in Paris einen Laster voller Exemplare von *Call of Duty: Modern Warfare 3*. Es wurden über 6.000 Spiele in einem Gesamtwert von knapp 400.000 Euro gestohlen.

Auch Nintendo wurde Opfer eines Überfalls, bei dem fast 7.000 Wii U-Konsolen aus einem Cargo-Lager in Seattle gestohlen wurden. Der entstandene Schaden wurde auf zwei Millionen Dollar geschätzt.

Wie man sich irren kann

EA schätzte, von *FIFA International Soccer* (1993) – dem ersten Teil der Serie – nur 300.000 Exemplare in Europa verkaufen zu können. Tatsächlich aber wurde diese Schätzung schon drei Wochen nach Verkaufsstart übertroffen.

short facts

» Das Charakter-Modell von Batman aus dem Spiel *Arkham Knight* besitzt allein so viele Polygone wie die gesamte Umgebung von *Arkham Asylum* aus dem ersten Teil der Reihe.

» Das Fußballspiel *Barcelona vs Madrid* aus dem Jahr 2012 kostet im App Store fast 300 Euro.

Zocken 8848 Meter über dem Meeresspiegel

Der Nintendo DS war der erste Handheld, der es an die Spitze des Mount Everest geschafft hat. Der damals 27-jährige Neal Mueller nahm 2005 bei einer Expedition seinen Nintendo DS auf den höchsten Berg der Erde mit.

Pac-Man mag nicht mehr

Ein Rekord überführt
einen Schwindler

Die maximale Punktzahl, die man in der Arcade-Version von *Pac-Man* erreichen kann, ist 3.333.360 Punkte. Diese Summe erzielt man nur, wenn man in 255 Levels alle Punkte, Früchte und Geister isst. Im 256. Level bricht das Spiel ab, da eine Speicherstelle überläuft und keine weiteren Punkte erreicht werden können.

Billy Mitchell war der erste Spieler, der am 3. Juli 1999 diesen höchsten Score erlangte.

Das Erreichen des maximalen High-scores führte zudem zur Enttarnung eines kleinen Schwindlers: 1982 behauptete der damals acht-jährige Jeffrey R. Yee, einen Punktestand von über sechs Millionen Punkten erreicht zu haben. Er bekam daraufhin ein Glückwunschschreiben vom damali-gen US-amerikanischen Präsidenten Ronald Reagan.

» Der teuerste virtuelle Sportrennwagen ist der Jaguar XJ13 in *Gran Turismo 6*. Für knapp 200 Dollar kann man sich dort den virtuellen Jaguar in seine Garage stellen.

» Um Glücksspiel einzudämmen, wird in Brasilien auf alle Videospiele eine Sondersteuer von 120 Prozent erhoben. Nichtsdestotrotz gilt Brasilien als elftstärkster Absatzmarkt für Videospiele.

» Zu Hoch-Zeiten von *Guitar Hero* verzeichnete der Internethändler guitarcenter.com einen 27-prozentigen Verkaufsanstieg von echten Gitarren.

» *Civilization IV* ist das einzige Videospiel, das für ein Musikstück einen Grammy gewann.

„Crowdfunding" GTA

Die Kosten für Entwicklung und Marketing von *GTA V* wurden auf über 400 Millionen Dollar geschätzt. Noch bevor das Spiel in den Läden erschien, konnte die Summe bereits durch Vorbestellungen eingesammelt werden.

Auf der Leinwand und im Spiel

Der älteste Synchronsprecher in einem Videospiel ist Alan Young. Er ist die US-Stimme von Dagobert Duck. Für das Spiel *Duck Tales Remastered* lieh er der Ente aus Entenhausen im Alter von 93 Jahren noch einmal seine Stimme.

Sudoku everywhere

Kein anderes Puzzlespiel ist in so vielen verschiedenen Versionen auf dem Nintendo DS erschienen wie *Sudoku*. Über 20 unterschiedliche *Sudoku*-Spiele schafften den Weg auf den Handheld.

short facts

» In einer zweitägigen Schlacht im Weltraum-MMORPG *Eve Online* wurden Schiffe im Wert von 300.000 Dollar zerstört.

» Für die Erstellung eines virtuellen Automodells in *Gran Turismo 4* benötigte ein Designer circa einen Monat. Im Spiel sind über 700 Fahrzeuge enthalten.

Wenn sich das Buch öfter verkauft als das Spiel

Von dem Spiel *Leisure Suit Larry in the Land of the Lounge Lizards* wurden mehr Lösungsbücher als Exemplare des Spiels verkauft. Der Publisher Sierra Online vermutete, dass das Spiel häufig raubkopiert wurde, da im ersten Jahr 250.000 Ausgaben des Spiels verkauft wurden, während sich das Lösungsbuch millionenfach absetzte.

What a Difference a Crash Makes

1983 kam es zum großen Crash in der Videospielbranche. Wurde die Branche vor dem Crash noch auf einen Wert von über drei Milliarden Dollar beziffert, fiel die Bewertung nach dem Crash auf nur 100 Millionen Dollar. Ein Verlust von mehr als 90 Prozent.

Das erfolgreichste Spiel ever

Wii Sports ist das meistverkaufte Konsolen-Spiel überhaupt. Mehr als 82 Millionen Mal ging das Spiel über den Ladentisch. Fairerweise muss dazugesagt werden, dass das Spiel als Bundle den meisten Wii-Konsolen in Europa und Amerika beilag. Der Nachfolger *Wii Sports Resort,* der als Standalone-Variante auf den Markt kam, konnte sich auch ohne Konsolen-Bundle über 32 Millionen Mal verkaufen.

» Die längste – nicht interaktive – Cutscene in einem Spiel taucht in *Metal Gear Solid 4* auf. Sie ist 27 Minuten lang.

» *FIFA 14* erschien für drei verschiedene Konsol-Generationen. Das Spiel kam unter anderem für die PlayStation 2, PlayStation 3 und PlayStation 4 in den Handel.

» Die TV-Serie *Pokémon* ist die am längsten laufende TV-Serie zu einem Videospiel. In Deutschland wurde die erste Folge 1999 auf RTL 2 ausgestrahlt.

» Der erfolgreichste auf einem Videospiel basierende Kinofilm ist Prince of Persia: The Sands of Time. Der Film spielte über 335 Millionen Dollar ein.

» Die U.S. Air Force baute einen Super-Computer, indem sie 1.760 PlayStation 3-Konsolen zusammenschaltete.

» *FIFA 12* erschien mit 17 unterschiedlichen Covern und ist damit das Spiel mit den meisten Boxart-Versionen.

Der Name ist Programm

Das Spiel mit dem wohl längsten Titel heißt *My Twin Brother Made Me Crossdress As Him And Now I Have To Deal With A Geeky Stalker And A Domme Beauty Who Want Me In A Bind!!*.

» 145.000 Euro kostete die Mono-Edition von *Grid 2*, welche außer dem Spiel ein echtes Mono Supercar beinhaltete. Gekauft hat die Sonderedition jedoch niemand.

» *Shenmue* war mit knapp 50 Millionen Dollar Entwicklungskosten das teuerste Spiel seiner Zeit.

Alleine zum Erfolg

Activision bot Nintendo an, die *Skylanders*-Reihe exklusiv auf Nintendo-Plattformen zu veröffentlichen. Nintendo lehnte jedoch ab. Activision konnte mit dem Toys-to-Life-Prinzip bereits über zwei Milliarden Dollar Umsatz generieren.

Anstehen für das Weihnachtsgeschenk

Pong war 1975 das bestverkaufte Weihnachtsgeschenk in den USA. Menschen standen mitunter über zwei Stunden lang in einer Schlange an, um ein Exemplar zu ergattern.

16 Spieler-Battles auf dem Game Boy

Der First-Person-Fun-Shooter *Faceball 2000* ist das einzige Spiel, das im Multiplayer auf dem Game Boy mit bis zu 16 Spielern gespielt werden kann. Multiplayer-Spiele waren auf dem Game Boy eher eine Ausnahme und in der Regel nur zu zweit spielbar.

Verschoben und vergessen

Team Fortress 2 wurde von Valve mit einem Release für 1999 angekündigt, tatsächlich aber erschien das Spiel erst 2007. Weitere fünf Jahre später folgte eine Umsetzung für Linux.

Für den Rekord des am längsten verschobenen Spiels reicht es trotzdem nicht, denn diesen kann der Plattformer *Putty Squad* für sich beanspruchen. Das Spiel war bereits 1994 fertig entwickelt und der Fachpresse vorgestellt worden. Dennoch dauerte es 19 Jahre bis das Spiel letztlich – als Remake – erschien.

» *Medal of Honor Heroes 2* war das erste Spiel für die Wii, welches einen Online-Multiplayer für bis zu 32 Spielern unterstützte.

» *Tearaway* für die PlayStation Vita wurde mit drei renommierten Bafta-Awards ausgezeichnet. Es ist bis jetzt das einzige Handheld-Spiel, das so viele Bafta-Awards erhielt.

» *Crash Bandicoot 3: Warped* war das erste Spiel eines westlichen Entwicklers, das sich in Japan über eine Million Mal verkaufen konnte.

» John Salter hält den Rekord für die längste Spielrunde an einem Automaten mit nur einem Münzeinwurf. Er spielte *Armor Attack* über 85 Stunden lang.

Kapitel 9

Videospiele bizarr

Und es geht noch viel verrückter

Manage frei für die nächsten Fakten aus dem Videospiele-Zirkus. Es erwartet dich nun ein buntes Varieté von noch schrägeren Infohappen und unnützem Wissen, denn wenn uns Videospiele eines zeigen, dann dass sie voller Überraschungen stecken.

Kein Aprilscherz

Das erste Teaser-Video zu *Far Cry 3: Blood Dragon* wurde am 1. April 2013 von Ubisoft veröffentlicht.

Viele Spieler hielten die Ankündigungen mit dem über-drehten Gameplay und der retro-futuristischen Optik für einen Aprilscherz.

Gekauft und eingestampft

Mit *Stadium Events* erschuf Publisher Bandai das erste NES-Spiel, das mit einer Bewegungsmatte gesteuert wurde. Nintendo gefiel die Spielidee so gut, dass sie alle Rechte von Bandai kauften und das Spiel vom Markt nahmen, um es als *World Class Track Meet* neu zu vermarkten.

Wie entwickelt, so produziert

Dead or Alive 2 ist auf der PlayStation 2 vorzeitig ver-öffentlicht worden, ohne dass die Entwickler davon wus-sten. Ein ungeduldiger Manager bat das Entwicklerteam, ihm den aktuellen Stand des Spiels zum Testen zu geben. Nachdem der Manager das Spiel erhalten hatte, gab er es noch am selben Tag an eine Produktionsfirma weiter.

Das Spiel ging direkt in die Serienproduktion, ohne dass die Entwickler einen Feinschliff vornehmen konnten.

» *Pro Evolution Soccer 2014* war das letzte Spiel, das 2013 für die PlayStation 2 erschien. Zu diesem Zeitpunkt war die Konsole bereits seit 13 Jahren auf dem Markt.

» Das einfachste Achievement, das man jemals in einem Spiel bekommen konnte, besitzt *The Simpsons Game*. Es genügt, den Start-Button zu drücken.

» Alle Karten der *Pokémon*-Hauptteile basieren auf Regionen in Japan.

» Das eingängige Intro „Se-gaa", welches beim Starten des Sega Mega Drive ertönt, macht rund ein Achtel der Speicher-kartengröße aus.

» Die Licht-Animation, die die Wii anzeigt, wenn man eine neue Nachricht erhalten hat, wurde nach dem Zwitscher-Rhythmus des Vogels „Japanische Nachtigall" gestaltet.

» Das erste Spiel, das für Android-Smart-phones erschien, war *Pac-Man*. Das Spiel kostete anfangs knapp 10 Dollar.

Der eiserne Thron

Call of Duty war das erste Spiel für das damals junge Entwicklerstudio Infinity Ward. Das Team bestand aus nur 22 Mitgliedern, ein Großteil von ihnen hatte zuvor an der Konkurrenz-Reihe *Medal of Honor* mitgewirkt. Ziel des ersten Spiels: Ein neuer Titel, der *Medal of Honor* vom Thron der Kriegsspiele stoßen sollte.

Vom Meister auserkoren

Andre Sogliuzzo ist der Synchronsprecher von Tony Montana in *Scarface - The World is Yours*. Er wurde persönlich von Al Pacino für die Rolle ausgesucht.

Verdrehtes Modul

Fast alle Spiele, die für den Game Boy Color erschienen sind, können auch auf einem älteren Game Boy-Gerät gespielt werden.

Kirby Tilt ‚n' Tumble bildet eine Ausnahme: Das Spiel wird über Bewegungen des Game Boy Color gesteuert. Hierzu ist im Spielmodul ein Bewegungssensor verbaut. Da die Spielmodule im Game Boy Color andersherum eingesteckt werden, als bei den früheren Game Boy-Modellen, würden die Bewegungen bei alten Modellen spiegelverkehrt dargestellt werden.

Töne machen Monster

Im Spiel *Monster Rancher* für die PlayStation kann man Monster generieren lassen, indem man eine beliebige Musik-CD in die PlayStation einlegt. Legt man das Album „Nevermind" von Nirvana ein, entwirft das Spiel ein besonders starkes Monster.

short facts

» Die *Tekken*-Reihe basiert eigentlich auf einer Sidescrolling-Darstellung der Kämpfe. In *Tekken 2* gibt es jedoch die Möglichkeit, Kämpfe auch aus der First Person-Perspektive auszutragen.

» Acht Zentimeter ist Sackboy – bekannt aus der *LittleBigPlanet*-Reihe – lang. Sein Inneres besteht nicht nur aus Fusseln, sondern auch aus Eiscreme.

» *Mortal Kombat II* war so populär, dass viele Automaten mit einer tresorartigen Sicherungsmechanik ausgestattet wurden, um Diebe daran zu hindern, das Motherboard zu stehlen.

Feature statt Bug

Wie ein Spiel für Kinder den Erwachsenen Erziehung beibrachte

Bei *Secret Writer's Society* handelt es sich um eine PC-Software aus dem Jahr 1998, mit der Kinder Tagebucheinträge verfassen können. Die Software schlägt dabei Wörter und passende Sätze vor, mit denen die Kinder weiterschreiben können.

Als Lernsoftware für kreatives Schreiben gedacht, wunderten sich einige Eltern, als das Programm plötzlich nicht kindgerechte Wörter wie „Masturbation" und „Schwanz" vorschlug. Der Publisher gab sich ahnungslos und teilte mit, dass es sich um einen Bug handelte.

Die im Handel erhältlichen und bereits verkauften CDs wurden gegen eine Version ohne diesen „Fehler" ausgetauscht.

Als die Geschichte publik wurde, meldete sich ein Entwickler der Software und stellte klar, dass es sich vielmehr um ein Feature handele, als um einen Bug. Ohne Wissen des Publishers hatte er die Wörter in die Software eingebaut, um Eltern zu erinnern, dass sie sich um die Erziehung ihrer Kinder kümmern und dies nicht einer Software überlassen sollten.

Back to the Roots

Während der Entwicklung von *XCOM: Enemy Unknown* spielte das Entwicklerteam einmal pro Woche den ersten Teil der *XCOM*-Reihe. Zudem mussten neue Teammitglieder bei ihrer Einstellung das Originalspiel komplett durchspielen. Die Entwickler wollten so sicherstellen, dass jeder im Team die Kernfeatures der Serie verinnerlichte.

Titel am Arsch

Dark Souls erlebte während der Entwicklung viele Namensänderungen. In einer Phase war geplant, das Spiel unter dem Namen „Dark Ring" zu vermarkten. Der Name wurde schließlich final in *Dark Souls* geändert, da „Dark Ring" im englischen Sprachraum auch als Bezeichnung für eine gewisse Körperöffnung verwendet wird.

Einer muss der Erste sein

Wario's Woods war das einzige NES-Spiel, welches eine ESRB-Alterskennzeichnung erhielt. Es war das letzte Spiel, das für das NES in den USA offiziell erschienen ist. Alle NES-Spiele, die zuvor auf den Markt gekommen waren, bekamen keine Alterskennzeichnung, da das US-amerikanische Alterskennzeichnungssystem ESRB noch nicht geschaffen war.

» Pikachu war das offizielle Maskottchen der japanischen Nationalmannschaft zur Fußball-WM 2014.

» Die Stimme von Sonic The Hedgehog und Ezio aus *Assassin's Creed* stammen vom selben Sprecher.

» In *The Elder Scrolls IV: Oblivion* werden alle Charaktere von insgesamt nur 15 Personen gesprochen.

» Man kann in den ersten *Pokémon*-Editionen nur eine Speicherdatei anlegen, da man sonst aufgrund der Speicherlimitierung nicht alle *Pokémo*n individuell benennen könnte.

» Laut einer Umfrage des Time Magazine war Ende der 90er Jahre Lara Croft bekannter als der Papst.

» Die Penislänge der Charaktere in *Rust* stehen in Abhängigkeit zur Steam-ID.

» *Pokémon Puzzle League* ist das einzige *Pokémon*-Spiel, welches im Westen, aber nicht in Japan erschienen ist.

Ungewöhnliche Methoden

Nintendo erlaubte es Entwicklern ursprünglich, nur maximal fünf Spiele pro Jahr für das NES zu veröffentlichen. Auf diese Weise wollte man sicherstellen, dass Entwickler Wert auf Qualität statt Quantität legten.

Das erste Call of Duty-Spiel für eine Konsole

Ein Jahr bevor *Call of Duty* mit einem Ableger auf stationären Konsolen erschien, gab es 2004 den ersten Teil der Reihe bereits für den Handheld N-Gage von Nokia. Zum ersten Mal auf den Markt kam *Call of Duty* 2003 für den PC.

Das letzte Spiel von Squaresoft

Der erste Teil von *Kingdom Hearts* war das letzte Spiel, das mit dem Logo von Squaresoft veröffentlicht wurde. Nach der Veröffentlichung firmierten die beiden Unternehmen Squaresoft und Enix zu Square Enix.

Der Siebte wird der Erste sein

Der erste Teil von *Fire Emblem,* der im Westen veröffentlicht wurde, ist eigentlich der siebte Teil der Reihe. Alle vorherigen *Fire Emblem*-Spiele wurden nur in Japan veröffentlicht.

Die wahrscheinlich erste Microtransaction

Das Automatenspiel *Double Dragon 3* bot bereits 1990 „Microtransaction". Warf man außer dem Betrag für eine Spielrunde weitere Münzen in den Automaten, wurde der Spieler mit besseren Waffen ausgestattet.

Die Reihenfolge spielt keine Rolle

Tony Hawk's Skateboarding war das letzte Spiel der Reihe, das in Europa für das Nintendo 64 erschienen ist. Es wurde nach dem eigentlichen Nachfolger *Tony Hawk's Pro Skater 2* veröffentlicht.

Schwierigkeitsgrad erhöht die Spielzeit

Ecco The Dolphin wurde mit einem besonders hohen Schwierigkeitsgrad ausgestattet, da die Entwickler befürchteten, dass das Spiel sonst zu leicht sei und von den Spielern nur ausgeliehen werde, um es durchzuspielen.

Puzzeln für mehr Treffer

Von *Street Fighter* existiert eine Umsetzung als Puzzle-Spiel. In *Super Puzzle Fighter II Turbo* können die Spieler Treffer generieren, indem sie Farbflächen kombinieren.

» Die Animationen von Harley Quinn und Catwoman in *Batman: Arkham Knight* wurden von einem Mann eingespielt.

» Eine Szene der TV-Serie *Pokémon* handelt davon, wie Hauptdarsteller Ash davon schwärmt, ein *Pokémon* zu essen.

» Laut dem Entwicklerstudio Suckerpunch tranken die Entwickler während der Entwicklung von *Infamous* über 17.000 Dosen Diät-Cola.

» In *Journey* werden zum Teil die gleichen Audio-Schnipsel verwendet, wie in *God of War III*.

» Shigeru Miyamoto schlug den Entwicklern von *GoldenEye* vor, die Gewalt zu reduzieren, indem am Ende des Spiels eine Abspann-szene zu sehen ist, in der James Bond seine verletzten Gegner im Krankenhaus besucht.

» Die realistischen Geräusche aus *Fight Night 3* stammen von Schlägen auf ein totes Schwein.

» 2009 erschienen noch vier kommerzielle Spiele für das Sega Dreamcast. Die Produktion der Konsole endete schon Anfang 2001.

» In *Skyrim* kann man den Verbrennungseffekt, der auftritt, wenn man einen Drachen getötet hat, auf der Übersichtskarte sehen.

» Rockstar verpflichtete echte Verbrecher als Sprecher in *GTA V*, um die Charaktere authentisch wirken zu lassen.

» Alle Musikstücke von *Shovel Knight* – einem Plattformer im 8-Bit-Look – sind genau so groß, dass sie auch auf dem NES abgespielt werden könnten.

» Das erste Spiel für die PlayStation 3, in dem man Trophäen sammeln konnte, war *Super Stardust HD*. Das Spiel erschien zwei Jahre nach dem Launch der PlayStation 3.

» Pierluigi Collina war der erste Schiedsrichter, der es auf ein Spiele-Cover geschafft hat. Er zierte 2003 das Cover von *Pro Evolution Soccer 3*.

Gassi am laufenden Band

Sega veröffentlichte 2000 in Japan einen Automaten, mit dem man virtuell Gassi gehen kann. Spieler stellen sich hierzu auf ein Laufband und halten eine Hundeleine in der Hand. Über die Leine kann die Richtung des Hundes auf dem Bildschirm gesteuert werden; das Laufband gibt das Tempo vor.

„Ich weiß, wie du spielst"

Um den Endgegner Psycho Mantis aus *Metal Gear Solid* zu besiegen, muss man während des Spiels die Controller-Buchse wechseln. Psycho Mantis stellt einen Gegner mit telekinetischen Kräften dar, der die Aktionen des Spielers vorhersehen kann. Wird der Controller aus der ersten Controller-Buchse in die zweite gesteckt, interpretiert das Spiel dies als Aufhebung der telekinetischen Verbindung und die Angriffe des Spielers zeigen Wirkung.

Hauptsache, man hat's gesehen

Für die Erstellung eines Bildfilters, der obszöne Posts aus dem *Miiverse* aussortiert, analysierten die Entwickler Fotos von Penissen. Nach einigen Tagen fiel den Entwicklern auf, dass es geeigneter wäre, Zeichnungen von Penissen zu verwenden, da nur kleine Zeichnungen und keine Fotos im *Miiverse* veröffentlicht werden können.

Sprechen, nicht singen

Yoostar 2 ist ein Videokaraoke-Spiel für die Xbox 360 und PlayStation 3, mit dem sich die Spieler in berühmte Filmszenen einbauen und diese nachspielen können. Die beliebteste Filmszene handelt vom Pralinen-Zitat aus „Forrest Gump".

Metal Gear LEGO

Für die ersten *Metal Gear*-Spiele bauten die Entwickler aus LEGO-Steinen Prototypen der Levels. So konnten sie schnell ausprobieren, ob eine Idee passte und es in das Spiel schaffte. Mit *Metal Gear Solid 2* stellten die Entwickler diese Herstellung von Prototypen ein, da das Leveldesign zu umfangreich geworden war.

Spoiler auf Seite 3

Midna, der Sidekick in *The Legend of Zelda: Twilight Princess* wird am Ende im Spiel in ihrer wahren Gestalt gezeigt. Tatsächlich müssen Spieler gar nicht so lange warten, um dies zu sehen. Bereits auf Seite 3 der Spielanleitung sieht man ein großes Artwork, auf dem Midna in ihrer Gestalt dargestellt wird.

In dem HD-Remake ist das Bild sogar auf der Spielverpackung abgebildet.

» Die Serverstruktur für Multiplayer-Matches in *Warhawk* bestand aus einem Cluster von PlayStation 3-Konsolen.

» Alle Songs der Radiostation „Flashback 95.6" in *GTA III* sind Songs aus dem Soundtrack zu „Scarface".

» Hauptdarsteller Nate aus der *Uncharted*-Reihe hat Angst vor Clowns. Damit ist er nicht allein: Auch Trevor aus *GTA V* fürchtet sich vor Clowns.

» Das letzte Nintendo 64-Spiel, das 2002 in den USA erschien, war *Tony Hawk's Pro Skater*. Es wurden nur 396 Einheiten davon hergestellt.

» Die englische Stimme von Luke aus der *Professor Layton*-Reihe und Pit aus *Kid Icarus Uprising* wird von einer Frau gesprochen.

» Es gibt eine Fußballspielreihe, die nach David Beckham benannt ist. Der letzte Titel dieser Reihe erschien 2002 für den Game Boy Advance.

Scheiße gelaufen

Dem *Pokémon*-Meisterschaftschampion Rubén Puig Lecegui wurde nach drei Tagen der Titel aufgrund eines Fehlverhaltens wieder abgenommen. In der Nacht des Sieges hatte der Gewinner mit seinem spanischen Team in einem Hotel mit Fäkalien um sich geworfen.

Schreib um dein Leben

Von der *House of the Dead*-Serie gibt es einen Ableger mit dem Titel *The Typing of the Dead*. Das Spiel erschien 2000 für das Dreamcast und später unter anderem auch für die PlayStation 2.

Ziel ist, Zombies zu besiegen, indem man vorgegebene Wörter und Sätze möglichst schnell eintippt.

Identitätsdiebstahl

Im Juli 2007 wurde der High-Score-Anführer des in Brasilien beliebten MMOs *Gunbound* von einer Gangsterbande entführt. Die Kidnapper forderten Zugang zum Account des Spielers, der ihn bei vorgehaltener Waffe herausgab. Die Gangsterbande bot dann den Nutzer-Account auf einer Webseite für 8.000 Dollar zum Verkauf an, allerdings erfolglos. Die Kidnapper wurden von der Polizei gefasst und der Account ging zurück an den Besitzer.

Worldwide

Pokémon XY ist der erste Hauptteil der Serie, der weltweit am gleichen Tag veröffentlicht wurde. Zum Vergleich: Das allererste *Pokémon*-Abenteuer *Rote* und *Blaue Edition* erschien in Japan drei Jahre früher, bevor es nach Europa kam.

Prügelei für Kids

Von Virtua Fighter gibt es eine Version, die sich an Kinder richtet. Statt realistischer Kämpfer werden comichaft gezeichnete Figuren, die einen überproportionalen Kopf mit großen Augen besitzen, verwendet.

An einem Stück

In *Desert Bus* muss der Spieler die Strecke von Arizona nach Las Vegas fahren. Das Spiel stellt die Fahrtzeit in Echtzeit dar. Es dauert acht Stunden die Strecke abzufahren, eine Pause-Funktion gibt es nicht.

Zum Synchronsprecher degradiert

Dem ehemaligen US-amerikanischen Präsidenten Bill Clinton wurde angeboten, dem Charakter John Henry Eden in *Fallout 3* seine Stimme zu leihen. Clinton lehnte ab.

» Um Oswald, den lustigen Hasen in *Micky Epic* verwenden zu dürfen, musste Disney die Lizenz von Universal erwerben.

» Alle Fantasiesprachen in *Dragon Age* wurden von professionellen Linguisten entwickelt.

» Das Logo von *GTA* und der US-amerikanischen Version von „Der Preis ist heiß" teilen die gleiche Schriftart.

» Es gibt neun verschiedene Spiele, die nur vom englischen Fußballclub Manchester United handeln.

Patent auf Minispiele

Namco besaß ein Patent darauf, Ladezeiten durch Minispiele überbrücken zu können. Das Patent umfasst jedoch nur Minispiele, die nicht Teil des Hauptspiels sind.

Ladezeiten wie zum Beispiel in *FIFA* durch Fußballübungen zu überbrücken, ist erlaubt, da Fußballaktionen Teil des Hauptspiels sind. Das Patent lief am 15. November 2015 ab.

Farbverwirrungen

Als *Rayman 2* in Japan veröffentlicht wurde, änderte man das lilafarbene Outfit des Charakters in Blau, da man annahm, dass die Farbe Lila in Japan mit Tod in Verbindung gebracht werde. Tatsächlich wird der Farbton Lila jedoch mit Gesundheit und Wohlbefinden assoziiert, weswegen bei allen weiteren *Rayman*-Spielen auch in Japan die Spielfigur wieder mit lilafarbenem Oberkörper dargestellt wird.

Sega goes Multi

Nachdem Sega die Produktion des Dreamcast eingestellt hatte, fokussierte man sich als Third-Party-Publisher. Das erste Spiel, das von Sega jemals auf einer Nintendo-Konsole erschien, war *ChuChu Rocket* für den Game Boy Advance.

Der Nachfolger, der keiner ist

Von *Metal Gear* besteht ein Sequel der NES-Version, das ohne das Wissen des Serienschöpfers Hideo Kojima entwickelt wurde. *Snake's Revenge* ist ein Spiel für das SNES, welches 1990 nur in den USA und Europa erschien. Zur selben Zeit arbeitete Kojima am offiziellen zweiten Teil *Metal Gear 2: Solid Snake*.

» Für *Skyrim* gab es einen Mod, der einen Apfel an einer einzigen Stelle im Spiel hinzufügte. Der Mod konnte für 30 Dollar via Steam erworben werden.

» *Street Fighter II* war das erste Spiel, das die Combo-Steuerung in ein Kampfspiel einführte.

» *Castlevania 2 - Simon's Quest* für das NES ist das erste Spiel, welches verschiedene Enden bietet.

» *Bloodnet* war das erste Spiel, das von der USK 1994 eingestuft wurde. Es erhielt die Altersfreigabe ab 12 Jahren.

GameCube 64

Animal Crossing für den GameCube ist nur ein einfacher Port der Nintendo 64-Version. Die Spieldisc kann während des Spielens aus dem GameCube entfernt werden, da das komplette Spiel in den Arbeitsspeicher des GameCube geladen wird.

Tetris Dingsbums

Von *Tetris* existiert eine Version mit Wörtern als Block-ersatz. Ziel dieses Spiels mit dem Titel *Wordtris* ist es, herunterfallende Buchstabensteine so zu kombinieren, dass sie ein Wort ergeben und sich auflösen.

Wer auf solche Spielideen kommt

In dem Spiel *Toilet Kids* werden Kinder von einer Toilette verschluckt und erkämpfen in Shoot 'em up-Manier ihren Weg zurück. Dabei muss der Spieler Gegner in Form riesiger Kackhaufen besiegen und kann Extra-Punkte kassieren, indem er goldene Haufen und Urinale einsammelt.

Mr. Videogame

Von einem Klempner, der auszog, die Gaming-Welt zu revolutionieren

Er gab Videospielen in den 80ern ein Gesicht und führte die Industrie in ein goldenes Zeitalter. Er ist Hauptdarsteller in über 100 Spielen und seit seiner Geburt gab es nicht ein Jahr, in dem er nicht mindestens einmal mit einem neuen Spiel von sich reden machte. Als erfolgreichste Videospielserie mit über 500 Millionen verkauften Spielen widmet sich dieses Kapitel einzig und allein dem Aushängeschild einer ganzen Branche: Super Mario.

Wie alles begann

Donkey Kong (1981) – das erste Spiel, in dem Mario seinen Auftritt hatte – war als Popeye-Lizenz angedacht. Nintendo verlor jedoch die Lizenz.

Aus Popeye wurde Mario (damals noch als „Jumpman" bezeichnet), Bluto wurde von Donkey Kong ausgetauscht und statt Olive Oyl hielt Lady Einzug in das Automatenspiel.

Mario auf dem Motorrad

Mario Kart Wii war nicht das erste Rennspiel, bei dem Mario auf einem Motorrad Platz nahm. Knapp zehn Jahre zuvor erschien in Japan das Spiel *Excitebike: Bun Bun Mario Battle Stadium* für das Satellaview System. Es handelte sich um die Spielmechanik aus *Excitebike* angesiedelt im Mario-Universum.

Die Steuerung hätte ganz anders sein können

Seit jeher bewährt – die typische Jump & Run-Steuerung von Super Mario: Mit „A" wird gesprungen, mit „B" läuft man schneller.

Ursprünglich war der A-Knopf jedoch für eine Attacke vorgesehen. Das Springen war zunächst auf der „nach oben"-Taste des Steuerkreuzes gelegt.

Nicht nur auf Nintendo-Geräten ist Mario daheim

Das vielleicht beste Argument für Nintendo-Konsolen: Nur hier gibt es Super Mario. Diese Aussage entspricht aber nur der halben Wahrheit.

In den 80er Jahren erschienen Mario-Spiele auch für andere Plattformen. Unter anderem wurden der PC und Mac mit Mario-Spielen versorgt (u.a. *Mario is missing*), aber auch für Konkurrenz-Konsolen wie von Atari und Comodore erschienen Spiele mit dem blauen Latzhosenträger (u.a. *Mario Bros.*).

Geburtsstunde des Fun-Racers

Super Mario Kart startete in der Entwicklung als normales Rennspiel. Erst als die Entwickler fanden, dem Spiel würde eine Seele fehlen, fügte man Mario und seine Freunde hinzu. *Super Mario Kart* ist der erste Teil der Reihe und der Auftakt zu einer Spielserie, die sich über 100 Millionen Mal verkaufte.

Mario-Brettspiele

Außer Videospielen existieren rund um Mario und seine Freunde viele (Brett-)Spielvarianten. So gibt es unter anderem Jenga, Monopoly und Schach in einer Version mit Mario.

Mario als Werbeträger

Nintendo brachte für das Famicom in Japan ein Mario-Spiel mit Ingame-Werbung heraus. In *Kaettekita Mario Bros.* warb der Lebensmittelhersteller Nagatanien für seine Gewürz- und Nudelgerichte.

Die Kooperation von Nintendo und Nagatanien brachte zudem eine Curry-Gewürzmischung hervor, die Mario gewidmet war.

Die Geschichte von Ingame-Advertising in Super Mario-Spielen geht sogar noch weiter: In *Super Mario Land 2: Six Golden Coins* trägt die Spielzeugwelt den Namen „N&B".

„N&B" waren kleine Plastikbausteine, ähnlich wie Lego, die Nintendo seit den 60er Jahren herstellte.

short facts

» Die Karte der dritten Welt in *Super Mario Bros. 3* stellt Japan dar. An der Stelle, an der sich Kyoto befindet (Hauptzentrale von Nintendo), ist im Spiel das Schloss mit dem Endgegner der Welt platziert.

» Für den Computer Apple II ist eine Version von *Mario Bros.* erschienen. Das Spiel wurde 1984 von Atari entwickelt.

Das wohl skurrilste Spiel

Nebst seiner Königsdisziplin, dem Jump & Run, ist Mario auch mit den verschiedensten Sportarten, Berufen und Hobbys in Videospielen vertreten. Sportarten wie Golf oder Baseball sind dabei noch gewöhnlich. Der wohl größte Exot ist *I Am A Teacher: Super Mario Sweater*. Dabei handelt es sich um ein Strickprogramm für das Famicom Disk System.

„Spieler" können mithilfe des Programms einen Pulli mit Mario-Charakteren designen und diesen von einem Automaten maschinell stricken lassen. Es versteht sich von selbst, dass die Software nur in Japan erschien.

Yoshi besitzt Zähne

Lange war die Frage um Marios Dino-Freund Yoshi ungeklärt: Besitzt er Zähne? Auf Artworks und in den Spielen sah man stets nur Yoshis Zunge.
In *Yoshi's Island DS* wurde das Geheimnis gelöst. Während der Flatterfluganimation des grünen Dinos kann man die Zähne hervorlugen sehen.

Verwobene Story

Super Mario Land 2: Six Golden Coins setzt nahtlos die Geschichte aus dem Vorgänger *Super Mario Land* fort:

Während Mario in *Super Mario Land* Prinzessin Daisy aus den Fängen des Aliens Tatanga befreit, schleicht sich Wario parallel in das Schloss von Mario und besetzt dieses in *Six Golden Coins*. Nachdem Tatanga von Mario im ersten Teil besiegt wurde, flieht dieser und findet Zuflucht bei Wario. Trat Tatanga im ersten Teil als Endgegner auf, so ist er in *Six Golden Coins* nur noch ein Zwischengegner am Ende einer Welt.

Super Mario Land ist übrigens das erste Spiel der Hauptserie, das nicht von Miyamoto entwickelt wurde.
Produziert wurde es von Game Boy-Erfinder Gunpei Yokoi.
Das Spiel konnte sich über 18 Millionen Mal verkaufen.

Dreckweg 08/17 kennt sich aus

Bei Marios erster Begegnung mit Dreckweg 08/17 in *Super Mario Sunshine* scannt der Roboter Mario. Dabei werden alle vorherigen Mario-Spiele chronologisch geordnet, aber spiegelverkehrt aufgeführt.

Mario zum Frühstück

1988 gab es in den US-amerikanischen Supermärkten Müsliverpackungen mit der Aufschrift „Nintendo Cereal System".
Die Müslistücke waren in Form von Mario, Bowser und Koopas sowie als Link, Herzen und Schlüssel gestaltet.

» 155 Zentimeter beträgt die Körpergröße von Super Mario. Sein Bruder Luigi ist 20 Zentimeter größer. Prinzessin Peach überragt die beiden Latzhosenträger mit 186 Zentimetern.

» 17 Verwandlungsarten bietet *Super Mario 3D* World und damit die meisten Verwandlungsarten in einem Hauptspiel.
Auf Platz 2 landet *Super Mario Bros. 3* mit neun Verwandlungsarten.

» 40 Levels und mehr sollte *Super Mario 64* ursprünglich enthalten. Aus Zeitgründen und der Speicherkartenlimitierung schafften es nur 15 Levels plus kleinere Bonus-Parcours in das finale Spiel.

Yoshi lernt auf dem SNES das Laufen

Shigeru Miyamoto wollte Yoshi bereits im ersten Super Mario-Spiel für das NES einbauen. Es dauerte jedoch fünf Jahre bis Yoshi seinen ersten Auftritt mit *Super Mario World* hatte. Die Begründung: Es war bis dahin technisch nicht möglich, Mario und Yoshi in einem Spiel gleichzeitig darzustellen.

Es war einmal im Pilzkönigreich

Mario und die Sieben Zwerge in der nintend'schen Märchenstunde

In der japanischen TV-Serie „Amada Anime Series: Super Mario Bros." (1989) wird die Geschichte von Schneewittchen und den Sieben Zwergen mit Nintendo-Maskottchen nacherzählt.

Bowser und die Koopa Kids haben die Rolle der bösen Stiefmutter inne, während Schneewittchen – wie könnte es anders sein – von Prinzessin Peach gespielt wird, die Zuflucht bei den sieben Toads findet. Den edlen Ritter verkörpert natürlich Mario.

Als wäre das Szenario nicht skurril genug, zeigt die Serie Mario in zwei untypischen Posen: In einer Szene ist Mario nur in blauer Unterhose zu sehen, in einer anderen schreitet er mit einer Pistole durch das Bild.

Um dem Ganzen im wahrsten Sinne die Krone aufzusetzen, tritt Bowser mit Prinzessinnenkrone und rotem Lippenstift auf.

Das wahre Super Mario Bros. 2

Die erste, direkte Fortsetzung von *Super Mario Bros.* erschien nicht auf einem Nintendo System. *Super Mario Bros. Special* kam 1986 für den NEC PC-8801 und Sharp X1 auf den Markt. Das Spiel basiert zwar auf *Super Mario Bros.*, bietet jedoch neue Levels, mehr Items und einen herausfordernderen Schwierigkeitsgrad.

Einfälle durch Zufälle

Bei seinem ersten Auftritt in *Donkey Kong* sollte Mario gar nicht springen können. Die Entwickler entschieden, die Spielmechanik einzubauen, als sie sich die Frage stellten „Was wäre die natürlichste Reaktion, wenn ein Fass auf einen zurollt und man nicht ausweichen kann?".

Kopfschmuck statt Farbe

Um mit Feuerbällen um sich zu schießen, verwandelt sich Mario mit Hilfe der Feuerblume. Sein Outfit wechselt von rot-blau in weiß-rot.

In *Super Mario Land 2* für den Game Boy können jedoch keine Farben dargestellt werden. Um die Verwandlung erkennen zu können, wird Mario stattdessen mit einer Feder als Kopfschmuck gezeigt.

» In den 90er Jahren war Super Mario
unter amerikanischen Kids bekannter als
Mickey Maus.

» Es existiert ein *Mario Party*-Spiel, das mit
bis zu sechs Spielern gespielt werden
kann. *Super Mario: The Mysterious Rolling
Party* erschien als Automatenspiel jedoch
nur in Japan.

» In Japan ist eine Version von *Super Mario
64* auf den Markt gekommen, die das
Rumble Pack unterstützt.

» *Mario Party* für den Nintendo DS verkaufte
sich besser als alle anderen Teile der Reihe
auf einer Heimkonsole. Fast neun
Millionen Exemplare wurden verkauft.

» Lässt man Mario in *Super Mario 64* für
einige Zeit regungslos stehen, legt er sich
hin und beginnt zu schlafen. Im Schlaf
zählt er italienische Pasta-Gerichte auf.

Schwarzenegger als Bowser?

„Super Mario Bros." war der erste Film, der auf einem Videospiel basierte. Die Rolle von Bowser wurde Arnold Schwarzenegger angeboten, dieser lehnte jedoch ab. Der Film war ein kommerzieller Flop und erhielt hauptsächlich negative Kritiken.

Das erfolgreichste Spiel

New Super Mario Bros. für den Nintendo DS ist mit über 30 Millionen Stück das am häufigsten verkaufte Mario-Spiel, welches nicht als Bundle einer Konsole beilag.
Super Mario Bros. für das NES (1985) konnte zwar über 40 Millionen Exemplare absetzen, jedoch lag das Spiel vielen Konsolen bereits bei.

Retro-Perspektive

Um den begrenzten Speicher des NES-Moduls in *Super Mario Bros.* bestmöglich zu nutzen, besitzen Wolken und Büsche die gleiche Form und unterscheiden sich nur in ihrer Farbgebung.

In der Strecke „Röhrenraserei" in *Mario Kart 7* haben die Entwickler eine Referenz zum Klassiker eingebaut: Auch hier teilen sich die Büsche und der obere Teil der Wolke genau die gleiche Form, nur die Farben sind unterschiedlich.

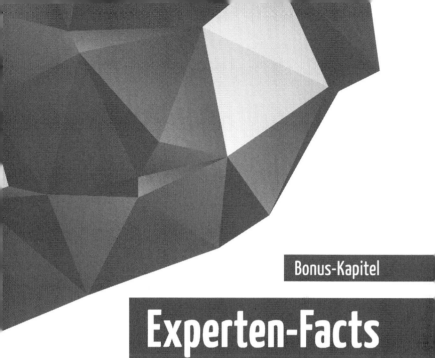

Experten-Facts

Lieblingsfakten der Gaming-Community

Hunderte Fanseiten, YouTube-Channels und Newsportale rund um Videospiele gibt es in Deutschland. Für dieses Kapitel wurden einige begeisterte Autoren dieser Plattformen nach ihren Gaming-Fakten gefragt: Ihre Lieblingsfakten teilen sie auf den nächsten Seiten mit dir.

Mystische Verbindungen

Beim Schreiben eines Tests zu Capcoms *Resident Evil* für die PlayStation One fiel mir auf, dass das Geräusch des Fahrstuhls in der Küche exakt dasselbe ist, wie im Ego-Shooter *Alien vs. Predator* von Rebellion für den Atari Jaguar. Auf der Spiele-Disc von *Resident Evil* befindet sich in der Datei SLES_002.28 außerdem der Name Atari.

Warum das Fahrstuhl-Geräusch identisch und warum Ataris Name in der Datei zu finden ist, bleibt bis heute ein Geheimnis. Offiziell hatten Capcom und Atari damals keine Verbindungen – sie waren eigentlich noch Konkurrenten. (Die Jaguar-Konsole wurde 1997 eingestellt, *Resident Evil* erschien 1996.)

Frank Michaelis, gamefront.de

Action vor den Augen

Ein Pappding will uns in Videospielewelten „schweben" lassen? Square Enix macht es wahr und schickt uns eine *Just Cause 3*-VR-Brille zum Selberbauen. Eine spannende Geschichte, die wir so vorher noch nicht erleben durften. Und das funktioniert tatsächlich alles. Wir drehen unseren Kopf und können alles begutachten. Ein visuelles Erlebnis. Die ganze Welt von *Just Cause 3* inmitten einer Pappschachtel auf dem Kopf – toll. Innovation pur – danke Square Enix :).

Markus Biering, games-mag.de

Gott der Scherben

Am Ende von *God of War*, bevor man sich auf den Thron setzt, kann man auf zwei Statuen einprügeln, die nach vielen Schlägen und einigen Minuten Geduld auch tatsächlich zerbersten. Im Anschluss wird eine Zahlenfolge eingeblendet, die, wenn man sie richtig zusammensetzt, eine Telefonnummer ergeben. Ruft man dort an, hört man, wie *God of War*-Erfinder David Jaffe und Kratos in einen Streit geraten und Jaffe letztendlich vom Spartaner niedergestreckt wird. Die Nummer lautet: 001 888 447 5594. (Es fallen Telefongebühren für einen Anruf in die Vereinigten Staaten an.)

Stephan Göricke, next-gamer.de

Das Schwimmerverhalten von Igeln

Sonic – der bekannteste Igel der Welt – hat im Gegensatz zu seinen Artgenossen zwei Feinde mehr: Dr. Robotnik – und Wasser. Segas Maskottchen kann nicht schwimmen. Warum? Das ist ebenso einfach wie kurios: Sonics Entwickler hatten schlicht keine Ahnung von den Tieren. In Japan leben keine Igel. Yuji Naka, gemeinhin als „Vater" von Sonic bekannt, kam erst 14 Jahre nach Erscheinen des ersten Sonic-Spiels in Kontakt mit einem echten Igel, als er 2005 anlässlich der Games Convention in Leipzig war und eine Igel-Aufzuchtstation besuchte. An Sonics Verhältnis zu Wasser änderte das aber nichts.

Thomas Frank, sega-portal.de

Pokémon wird politisch

Das *Pokémon* Rossana wurde im amerikanischen Magazin „Black World Today" als „Politically Incorrect Pokémon" bezeichnet, weil es angeblich rassistisch negativ veranlagt ist. Dies führte zu Änderungen der Sprite-Grafiken in *Pokémon Gold/Silber/Kristall* sowie der Streichung einer Episode im westlichen Sprachraum. Rossana wird seitdem nicht mehr mit schwarzer, sondern lila Hautfarbe dargestellt.

Robert R. Agular, bisafans.de

Mit 6KB in die nächste Dimension

Der Atari 2600 war die erste kommerziell erfolgreiche Heimkonsole und wartete mit der geballten Kraft von 1,18 MHz auf, die eine abgespeckte MOS6507 CPU befeuerten. An dedizierte Grafikbeschleunigung war nicht zu denken und so wurden mit einer maximalen Auflösung von 160x192 Pixeln lediglich 0,03 Megapixel auf den heimischen Flimmer-TV übertragen. Üppige 128 Byte Arbeitsspeicher waren bereits 1979 veraltet, als der Konsole der endgültige Durchbruch im Mainstream-Markt gelang. Eine später veröffentlichte 6KB Speichererweiterung, der *Starpath Supercharger*, sollte dieses Defizit ausgleichen, war jedoch ein wirtschaftlicher Misserfolg. Umso größer ist heutzutage der Sammlerwert für solch ein seltenes Stück Hardware.

Axel Teichmann, pixelnostalgie.de

Yoshis wahrer Name

Das grüne Reittier von Mario heißt mit vollem Namen T. Yoshisaur Munchakoopas (kurz Yoshi). In einer Club Nintendo-Ausgabe von 1992 hat Nintendo dies als Unterschrift von einem Artwork preisgegeben.

Jonathan Kocher, mariofans.de

Bonus-Track

Viele PlayStation One-Spiele haben den Original-Soundtrack direkt mit auf der Spiele-Disc. Hierfür muss die Spiele-Disc lediglich mit einem normalen CD-Player abgespielt werden und man hat so den vollständigen Zugriff darauf. Bekannt sind aktuell über 190 Spiele, die dieses Feature unterstützen.

Dennis Giebert, playfront.de

Unzensiert

Obwohl sich am Spielprinzip des Beat 'em Up seit der Erstveröffentlichung von *Mortal Kombat* im Jahr 1992 nichts verändert hat, erkannte die BPjM erst bei *Mortal Kombat X* (dem 14. Teil der Reihe) die übertriebene Gewaltdarstellung als wenig realitätsnah genug an, um diesen unzensiert in Deutschland zu veröffentlichen.

Gerald Wurm, schnittberichte.com

Push the Button

Der Xbox One Controller hält über drei Millionen Knopfdrücke aus. Roboter haben im Testlabor vier bis fünf Mal in der Sekunde jeden Aktionsknopf über drei Millionen Mal bearbeitet. Im Gebrauch sollte dies für über ein Jahrzehnt reichen. Die Entwicklung des Xbox One Controllers hat vom Prototypen bis zum Endprodukt über 100 Millionen US-Dollar verschlungen.

Tobias Schulte, xboxdynasty.de

Ursprung des Joysticks

Der Joystick war vor allem in den späten 70er und frühen 80er Jahren des letzten Jahrhunderts das beliebteste Eingabegerät für Computerspiele. Seinen Ursprung hatte die komfortable Peripherie jedoch schon viele Jahrzehnte früher und kam als mechanische Eingabevorrichtung bei Bergbaumaschinen sowie Lokomotiven und später im Zweiten Weltkrieg zur Steuerung von Luftbodenraketen zum Einsatz.

Sebastian Kalitzki, pixelkitsch.de

A Link to the Future

Ursprünglich sollte *The Legend of Zelda* sowohl in der Vergangenheit als auch in der Zukunft spielen, in der die Triforce-Fragmente Microchips waren. Weil der Held die

Verbindung zwischen beiden Zeiten darstellte, wurde er im Englischen „Link" *(dt. Verbindung)* genannt. Allerdings reiste Link nie in die Zukunft und das Spiel blieb dem märchenhaften Setting treu.

Sabrina Freytag, zeldaeurope.de

In der Gesellschaft angekommen

Die Sims sorgt für gesellschaftliche Akzeptanz durch die weiblichen Spieler. Die *Sims*-Community ist schon immer überwiegend weiblich und ist mit allen Altersklassen vertreten. Dies ist auch heute noch eine absolute Ausnahme im Gaming-Markt, aber vor allem, wenn man in das Jahr 2000 und den ersten *Sims*-Teil zurückblickt. Die Reihe verkaufte sich über 50 Millionen Mal. Und das in einer Zeit, in der Gaming allgemein eine Domäne von jungen Männern war. Diese Berührungspunkte haben den Gaming-Markt umgekrempelt.

Daniel Reutter, SimFans.de

Nintendos alte Tage

Nintendo hat nicht nur maßgeblich zur Gestaltung der heutigen Videospielkultur beigetragen. Den Anfang machte der Videospielhersteller der ersten Stunde mit Spielzeug, welches eher in Richtung „Ramsch" ging. Als Teil eines Easter-Eggs in *The Legend of Zelda: Majora's Mask* lässt sich eines dieser „Spielzeuge" sogar bewundern:

Die Ultra Hand (1960er), ein ausfahrbarer Teleskop-Greifer, befindet sich hinter dem Tresen, an der rechten Wand des Bomben-Shops im Westen der Stadt. Es gibt dort aber noch mehr zu entdecken.

Jörg Steimel, pixelbirnen.de

Shopping zu später Stunde

In der nur in Japan erschienenen *Animal Crossing*-Version: *Dobutsu no Mori e+* kann man Tom Nooks Laden auch nach der Schließung besuchen. Man muss nur ein paar Mal mit der Schaufel gegen die Ladentür oder das Gebäude schlagen und siehe da; Sesam öffne dich. Einen Haken hat die Sache dann doch, denn alles ist 30 Prozent teurer und außerdem ist Tom Nook viel langsamer als sonst, da er nicht ganz ausgeschlafen ist.

Yasmin Biefang und Konstantin Nickel, acnewleaf.de

Namensgeber

In den Spielen des *Fallout*-Franchises gibt es die starken Atomwaffen namens Fat Man und Little Boy. Die digitalen Zerstörer erhielten ihre Namen von den zwei Atombomben, die am Ende des Zweiten Weltkrieges über Hiroshima und Nagasaki abgeworfen wurden. In der japanischen Version von *Fallout* heißt der Fat Man daher Nuka Launcher. Little Boy blieb hingegen unangetastet.

Dennis Ströter, zockerheim.de

Mario ist überall

Mario-Erfinder Shigeru Miyamoto nahm sich ein Beispiel an Alfred Hitchcock. Hitchcock war dafür bekannt, dass er in all seinen Filmen einen kleinen Gastauftritt hatte.

Genau so wollte Miyamoto seinen Schützling Mario in all seinen Spielen auftauchen lassen. Auch wenn Miyamoto diesen Plan nicht konsequent durchgezogen hat, taucht Mario besonders in Miyamotos Erstlingswerken häufig auf; beispielsweise als Schiedsrichter im NES-Spiel *Tennis* oder als Doktor im Puzzle-Klassiker *Dr. Mario*. Diese Gastauftritte sorgten nicht zuletzt dafür, dass Mario zum Nintendo Maskottchen avancierte.

Alexander Stein, nintendo-online.de

Nachspiel

Das waren sie. Über 600 verrückte Fakten aus der Welt der Videospiele. Ich hoffe, du hattest Spaß und den ein oder anderen „gibt's doch gar nicht"-Moment beim Lesen.

Ein ganz großes Dankeschön möchte ich Katharina und Julia aussprechen, die dem Buch mit ihrem Lektorat die nötige Ordnung gegeben haben, Marcus, der mit seinem Layout-Können dem Buch den letzten Feinschliff verpasst hat sowie der tollen Gaming-Community, die mit ihren Fakten dieses Buch bereichert hat.

Thanks to all und nun wieder zurück an die Controller!

Bleib in Kontakt mit uns

Wenn du Lust an Kuriositäten rund um Videospiele bekommen hast und weiterhin mit skurrilen Fakten aus der Gaming-Welt versorgt werden möchtest, lege ich dir unsere Webseite *game-dna.de* ans Herz, aus der dieses Projekt hervorgegangen ist.

Zu guter Letzt sei hier noch die E-Mail-Adresse *kontakt@ game-dna.de* genannt, an die du Lob und Kritik senden kannst. Scheu dich nicht vor Feedback und schreib uns.

Deine Dosis an

Gaming-Wissen:

game-dna.de

Schnell, laut, interessant

News, Tests. Und das soll es gewesen sein? Wir wollen nicht die tausendste Webseite zum Thema Gaming sein, sondern mehr!

Was ist der beste Level? Was ist das verrückteste Easter-Egg? Von welchen anderen Spielen haben sich die Entwickler inspirieren lassen?

Mit DNAs gehen wir diesen Fragen nach und zeigen Hintergründe auf, die dir ein umfassendes Bild von einem Spiel geben und dich unterhalten, auch wenn du das Spiel bereits besitzt – ganz unkonventionell und fokussiert.

Besuche jetzt *game-dna.de*

Spieleverzeichnis

3-D Worldrunner
1987, Square

Ace Attorney: Phoenix Wright
2002, Capcom

Adventure
1976, William Crowther

Age of Conan
2008, Funcom

Alien: Isolation
2014, Creative Assembly

Amicraft
2015, SK

Angry Birds
2009, Rovio Entertainment

Animal Crossing
2004, Nintendo

Arm Spirit
2007, Atlus Company

Armor Attack
1980, Tim Skelly

Assassin's Creed
2007, Ubisoft Montreal

Assassin's Creed II
2009, Ubisoft Montreal

Assassin's Creed Brotherhood
2010, Ubisoft Montreal

Assassin's Creed Revelations
2011, Ubisoft Montreal

Banjo-Kazooie
1998, Rare

Banjo-Tooie
2001, Rare

Barcelona vs Madrid
2011, Alina Avdeeva

Batman: Arkham Asylum
2009, Rocksteady Studios

Batman: Arkham Knight
2015, Rocksteady Studios

Battlefield 1942
2002, Digital Illusions CE

Battlefield 4
2013, Digital Illusions CE

Bioshock
2007, 2K Boston

Bloodborne
2015, From Software

Bloodnet
1993, MicroProse

BMX XXX
2002, Z-Axis

Boktai: The Sun Is in Your Hands
2004, Konami

Bomberman
1983, Hudson Soft

Borderlands 2
2012, Gearbox Software

Burnout Paradise
2008, Criterion Games

Buzz!: The Schools Quiz
2008, Relentless Software

Call of Duty
2003, Infinity Ward

Call of Duty 2
2005, Infinity Ward

Call of Duty: Black Ops 2
2012, Treyarch

Call of Duty: Modern Warfare 3
2011, Infinity Ward

Castlevania
1986, Konami

Castlevania II - Simon's Quest
1987, Konami

Champion World Class Soccer
1994, Park Place Productions

ChuChu Rocket
2001, Sonic Team

Civilization IV
2005, Firaxis

Comix Zone
1995, Sega

Conker's Bad Fur Day
2001, Rare

Conker's Pocket Tales
1999, Rare

Cooking Mama
2007, Office Create

Counter-Strike
2000, Valve

Crash Bandicoot
1996, Naughty Dog

Crash Bandicoot 3: Warped
1998, Naughty Dog

Daigasso! Band Brothers
2004, Nintendo

Dance Dance Revolution
1998, Konami

Dante's Inferno
2010, Visceral Games

Dark Souls
2011, From Software

Dark Souls II
2014, From Software

Day of Defeat
2003, Valve

Dead Island
2011, Techland

Dead or Alive 2
2000, Team Ninja

Defiance
2013, Trion Worlds

Der König der Löwen
1994, Westwood Studios

Desert Bus
2011, Amateur Pixels

Destiny
2014, Bungie

Deus Ex: Human Revolution
2011, Eidos Montreal

Devil May Cry
2001, Capcom

Diablo
1997, Blizzard Entertainment

Diablo III
2012, Blizzard Entertainment

Diddy Kong Racing
1997, Rare

Dishonored
2012, Arkane Studios

Disney Infinity
2013, Avalanche Software

Donkey Kong
1981, Nintendo

Donkey Kong 64
1999, Rare

Donkey Kong Country
1994, Rare

Donkey Kong Country 2
1995, Rare

Donkey Kong Country Returns
2010, Retro Studios

Doom
1993, Id Software,

Double Dragon 3
1990, East Technology

Dying Light
2015, Techland

E.T. der Außerirdische
1982, Atari

EA Sports Active
2009, EA Canada

Ecco The Dolphin
1992, Novotrade International

Eternal Champions
1993, Sega

Eve Online
2003, CCP Games

EverQuest
1999, Sony Online

EverQuest II
2004, Verant Interactive

Everybody's Golf: World Tour
2008, Clap Hanz

Excitebike
1986, Nintendo

Excitebike: Bun Bun Mario
1997, Nintendo

Faceball 2000
1991, Xanth Software F/X

Fallout
1997, Black Isle Studios

Fallout 3
2008, Bethesda Game Studios

Fallout 4
2015, Bethesda Game Studios

Far Cry 3: Blood Dragon
2013, Ubisoft Montreal

Fear 2: Project Origin
2009, Monolith Productions

FIFA International Soccer
1993, Extended Play

FIFA 98
1997, EA Canada

FIFA 2001
2000, EA Canada

FIFA 12
2011, EA Canada

FIFA 14
2013, EA Canada

Fight Night Round 3
2006, EA Chicago

Final Fantasy I
1990, Square

Final Fantasy VI
1994, Square

Final Fantasy VII
1997, Square

Final Lap
1988, Namco

Fire Emblem
1990, Intelligent Systems

Five Nights at Freddy's
2014, Scott Cawthon

Football Manager 2005
2004, Sports Interactive

Forza Motorsport 6
2015, Turn 10 Studios

Frequency
2002, Harmonix

Game of Thrones
2012, Cyanide

Gears of War
2006, Epic Games

Gears of War 3
2011, Epic Games

God of War
2005, Santa Monica Studio

God of War II
2007, Santa Monica Studio

GoldenEye 007
1997, Rare

Gran Trak 10
1974, Atari

Gran Turismo 4
2005, Polyphony Digital

Grid 2
2013, Codemasters Southam

GTA
1997, DMA Design

GTA III
2001, Rockstar North

GTA: Vice City
2002, Rockstar North

GTA: San Andreas
2004, Rockstar North

GTA IV
2008, Rockstar North

GTA V
2013, Rockstar North

Guitar Hero
2006, Harmonix

Gunbound
2007, Softnyx

Half-Life
1998, Valve

Half-Life 2
2004, Valve

Halo
2002, Bungie Studios

Halo 2
2004, Bungie Studios

Halo 3
2007, Bungie Studios

Halo 3: ODST
2009, Bungie Studios

Halo 4
2012, 343 Industries

Hitman 2: Silent Assassin
2002, IO Interactive

Hitman Absolution
2012, IO Interactive

Homefront
2011, Kaos Studios

House of the Dead
1998, Wow Entertainment

I Am A Teacher: Mario Sweater
1986, Nintendo

Ice Climber
1986, Nintendo

Infamous
2009, Sucker Punch Productions

Infamous: Second Son
2014, Sucker Punch Productions

Jak and Daxter
2001, Naughty Dog

Journey
2012, Thatgamecompany

Just Dance
2009, Ubisoft Paris

Just Dance 2014
2013, Ubisoft Paris

Kaettekita Mario Bros.
1988, Nintendo

Kenshin Dragon Quest
2003, Armor Project

Kid Icarus Uprising
2012, Project Sora

Killer Instinct
1994, Rare

Kinect Adventures
2010, Good Science Studio

Kingdom Hearts
2002, Square

Kingdom Hearts 1.5
2013, Square Enix

Kirby Tilt ,n' Tumble
2001, HAL Laboratory

League of Legends
2009, Riot Games

Left 4 Dead
2008, Valve

Left 4 Dead 2
2009, Valve

LEGO Star Wars: Complete Saga
2007, Traveller's Tales

LEGO: Der Hobbit
2014, Traveller's Tales

Leisure Suit Larry:
Land of the Lazzy Lizards
1987, Sierra On-Line

Leisure Suit Larry:
Yacht nach Liebe
1996, Sierra On-Line

Link's Crossbow Training
2007, Nintendo

Lips
2008, iNiS

LittleBigPlanet
2008, Media Molecule

LovePlus
2009, Konami

Lylat Wars
1997, Nintendo

Mad Max
2015, Avalanche Studios

Mafia II
2010, 2K Czech

MapleStory
2007, Wizet

Mario Bros.
1983, Nintendo

Mario Is Missing
1992, The Software Toolworks

Mario Kart 7
2011, Nintendo

Mario Kart Wii
2008, Nintendo

Mario Party
1998, Hudson Soft

Mario Party 8
2007, Hudson Soft

Mario Party: Island Tour
2014, Nd Cube

Marvel Ultimate Alliance
2006, Raven Software

Mass Effect
2007, BioWare

Medal of Honor
1999, DreamWorks Interactive

Medal of Honor Heroes 2
2007, EA LA

Megaman
1987, Capcom

Mercenaries 2: World in Flames
2008, Pandemic Studios

Metal Gear
1987, Konami

Metal Gear 2: Solid Snake
1991, Konami

Metal Gear Solid
1999, Konami

Metal Gear Solid 2: Sons of Liberty
2002, Konami

Metal Gear Solid 4: Guns o.t. Patriots
2008, Kojima Productions

Metal Gear Solid: Portable Ops
2007, Kojima Productions

Mia Hamm Soccer
200, Silicon Dreams Studios

Micky Epic
2010, Junction Point Studios

Mike Tyson's Punch-Out
1987, Nintendo

MindQuiz: Your Brain Coach
2006, Sega

Minecraft
2011, Mojang

Minesweeper
1990, Microsoft

Mogul Maniac
1983, Amiga

Monster Rancher
1997, Tecmo

Moorhuhn
1999, Witan Entertainment BV

Mortal Kombat
1992, Midway Games

Mortal Kombat II
1993, Midway Games

Mortal Kombat Gold
1999, Eurocom

Mortal Kombat: Armageddon
2006, Midway Games

Ms. Pac-Man
1982, General Computer Corp.

My Twin Brother Made Me
Crossdress As Him And Now
I Have To Deal With A Geeky
Stalker And A Domme Beauty
Who Want Me In A Bind!!
2015, Love Conquers All Games

Mystic Quest
1991, Square

Myth II: Soulblighter
1997, Bungie

NBA Elite
2010, EA Canada

NBA Jam
2010, EA Canada

New International Track & Field
2008, Sumo Digital

New Super Mario Bros.
2006, Nintendo

NFL Blitz 2000
1999, Midway Games

No More Heroes
2008, Grasshopper Manufacture

Olympic Decethlon
1980, Microsoft

Pac-Land
1984, Namco

Perfect Dark
2000, Rare

Pier Solar and the Great Architects
2010, WaterMelon

Pikmin
2002, Nintendo

Pokémon Puzzle League
2001, Nintendo

Pokémon Snap
2000, HAL Laboratory

Pokémon XY
20133, Game Freak

Pong
1972, Atari

Populous
1989, Bullfrog Productions

Portal
2007, Valve

Portal 2
2011, Valve

Power Gig: Rise of the SixString
2010, Seven45 Studios

Prince of Persia: The Sands of Time
2003, Ubisoft Montreal

Pro Evolution Soccer 3
2003, Konami

Pro Evolution Soccer 6
2006, Konami

Pro Evolution Soccer 2014
2013, Konami

Putty Squad
1994, System 3

Quake
1996, id Software

Rock Band
2008, Harmonix

Rage
2011, id Software

Rayman
1995, Ubisoft

Rayman 2
1999, Ubisoft

Rayman Designer

1997, Ludimedia Rayman Raving Rabbids
2006, Ubisoft Montpellier

RC-Pro AM
1987, Rare

Ready 2 Rumble Boxing
1999, Midway

Ready 2 Rumble Boxing: Round 2
2000, Midway

Red Dead Redemption
2010, Rockstar San Diego

Red Dead Revolver
2004, Rockstar San Diego

Resident Evil
1996, Capcom

Resident Evil 4
2005, Capcom

Resident Evil 6
2012, Capcom

Resident Evil Director's Cut
1997, Capcom

Resident Evil: Revelations
2012, Capcom

Resistance: Fall of Man
2007, Insomniac Games

REZ
2001, Sega

Rust
2013, Facepunch Studios

Saints Row
2006, Volition

Saints Row IV
2013, Volition

Scarface - The World is Yours
2006, Radical Entertainment

Scribblenauts
2009, 5th Cell

Secret Writer's Society
1998, Panasonic Interactive

Shadow Man 2
2002, Acclaim Studios Teesside

Shenmue
2000, Sega

Shovel Night
2014, Yacht Club Games

Silent Hill
1999, Konami

SimCity
1989, Maxis

SimCopter
1996, Maxis

Sims 2
2004, Maxis

Skylanders: Spyro's Adventure
2011, Toys For Bob

Slient Scope
2000, Konami

Snake (Blockade)
1976, Gremlin

Snake's Revenge
1992, Konami

Sonic Adventure 2
2001, Sonic Team USA

Sonic Lost World
2013, Sonic Team

Sonic Runners
2015, Sonic Team

Soul Calibur
1999, Project Soul

Space Invaders
1978, Taito

Splatoon
2015, Nintendo

Spyro The Dragon
1998, Insomniac Games

Stadium Events
1988, Bandai

Star Craft
1998, Blizzard Entertainment

Star Fox Adventures
2002, Rare

Star Wars: The Force Unleashed
2008, LucasArts

Street Fighter 1987, Capcom	*T.L.o.Z.: Link's Awakening* 1993, Nintendo	*uDraw* 2010, Pipeworks Software
Super Mario 64 1997, Nintendo	*T.L.o.Z.: Ocarina of Time* 1998, Nintendo	*Uncharted 3: Drake's Deception* Naughty Dog, 2011
Super Mario Bros. 1986, Nintendo	*T.L.o.Z.: Ocarina of Time 3D* 2011, Grezzo	*Uniracers* 1995, DMA Design
Super Mario Bros. 3 1991, Nintendo	*T.L.o.Z.: Oracle of Seasons* 2001, Capcom	*Unreal Championship* 2002, Epic Games
Super Mario Kart 1993, Nintendo	*T.L.o.Z.: Skyward Sword* 2011, Nintendo	*Viewtiful Joe* 2003, Capcom
Super Mario Land 2 1993, Nintendo	*T.L.o.Z.: The Minish Cap* 2004, Capcom	*Virtua Fighter* 1993, Sega
Super Mario Maker 2015, Nintendo	*T.L.o.Z.: The Wind Waker* 2003, Nintendo	*Warhawk* 2007, Incognito Studio
Super Mario Sunshine 2002, Nintendo	*T.L.o.Z.: Twilight Princess* 2006, Nintendo	*Wario Land 2* 1998, Nintendo
Super Mario World 1992, Nintendo	*The Lost World - Jurassic Park* 1997, Appaloosa Interactive	*Wario's Wood* 1995, Nintendo
Super Monaco GP 1990, Sega	*The Revenge of Shinobi* 1990, Sega	*WarioWare* 2003, Nintendo
Super Smash Bros. 1999, HAL Laboratory	*The Simpsons Game* 2007, EA Redwood Shores	*Watch Dogs* 2014, Ubisoft Montreal
Super Stardust HD 2007, Housemarque	*The Simpsons Springfield* 2012, EA Mobile	*Wii Fit* 2008, Nintendo
Superman 1978, Atari	*The Typing of the Dead* 2001, WOW Entertainment	*Wii Sports* 2006, Nintendo
Team Fortress 1996, Valve	*The Witcher 2* 2011, CD Projekt RED	*Wii Sports Resort* 2009, Nintendo
Team Fortress 2 2007, Valve	*Tiger Woods 99 PGA Tour Golf* 1998, EA Sports	*Wipeout* 1995, Psygnosis
Tearaway 2013, Media Molecule	*Tiger Woods PGA Tour 09* 2008, EA Tiburon	*Wordtris* 1992, Bullet-Proof
Tekken 1988, Namco	*Toca* 1997, Codemasters	*World Class Track Meet* 1988, Nintendo
Tekken 2 1996, Namco	*Toilet Kids* 1992, Media Rings	*World of Warcraft* 2005, Blizzard Entertainment
Tetris 1984, Alexei Paschitnow	*T.C.'s Splinter Cell: Conviction* 2010, Ubisoft Montreal	*Worms* 1995, Team17
The Beatles: Rock Band 2009, Harmonix	*Tomb Raider* 1996, Core Design	*XCOM: Enemy Unknown* 2012, Firaxis Games
The Elder Scrolls IV: Oblivion 2006, Bethesda	*Tomb Raider: Legend* 2006, Crystal Dynamics	*Xenoblade Chronicles* 2015, Monolith Soft
The Elder Scrolls V: Skyrim 2011, Bethesda	*Tony Hawk's Pro Skater* 1999, Neversoft	*X-Men vs. Street Fighter* 1996, Capcom
The Last of Us 2013, Naughty Dog	*Tony Hawk's Pro Skater 2* 2000, Neversoft	*Yoostar 2* 2011, Blitz Games Studios
The Legend auf Zelda 1986, Nintendo	*UB Funkeys* 2010, Arkadium	*Yoshi's Island DS* 2006, Artoon

28991189R00114

Printed in Poland
by Amazon Fulfillment
Poland Sp. z o.o., Wrocław